FINANCIAL
DERIVATIVES

金融衍生品
定价算法与融合应用

邓东雅　索浩然　孙士岭◎著

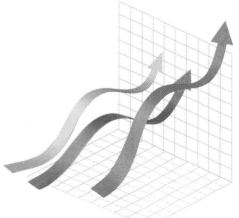

PRICING
ALGORITHMS AND
APPLICATIONS

经济管理出版社
ECONOMY & MANAGEMENT PUBLISHING HOUSE

图书在版编目（CIP）数据

金融衍生品：定价算法与融合应用 / 邓东雅，索浩
然，孙士岭著. -- 北京：经济管理出版社，2024.
ISBN 978-7-5243-0070-0

Ⅰ. F830.95

中国国家版本馆 CIP 数据核字第 2024UA6733 号

组稿编辑：魏晨红
责任编辑：魏晨红
责任印制：张莉琼

出版发行：经济管理出版社
　　　　　（北京市海淀区北蜂窝 8 号中雅大厦 A 座 11 层　100038）
网　　址：www.E-mp.com.cn
电　　话：（010）51915602
印　　刷：北京市海淀区唐家岭福利印刷厂
经　　销：新华书店
开　　本：720mm×1000mm/16
印　　张：10.75
字　　数：187 千字
版　　次：2025 年 5 月第 1 版　　2025 年 5 月第 1 次印刷
书　　号：ISBN 978-7-5243-0070-0
定　　价：88.00 元

前　言

　　金融市场上的两大基本产品——股票和债券，远不能满足金融交易者的交易需求，因而出现了金融衍生品的交易。顾名思义，衍生品就是基于基本产品衍生而来的产品，不能单独存在。但其存在拓展了金融市场的广度和深度。在广度上，各类衍生品的存在丰富了金融市场的产品。针对各种不同投资偏好的交易者，相应的衍生品工具不断涌现，使金融市场的金融产品结构日趋完善；在深度上，衍生品的提出深化了金融市场的内涵，让投资者能够更好地认识金融市场的功能，使金融资产能够更好地流通和配置。随着金融衍生品的不断发展，复杂衍生品渐渐进入金融投资者的视野，并且在学术上得到了不少关注。

　　本书深入研究复杂衍生品的定价机制，特别关注时间期权、非线性收益衍生品及美式期权。

　　首先，本书探讨了时间期权的特性，这是一种奇异期权，赋予购买者在波动率达到预设水平时行权的权利。本书扩展了 Bernard 和 Cui（2011）的模型，通过引入 Vasicek 随机利率过程，提高了模型在现实金融市场中的适用性。针对随机利率下的时间期权定价问题，提出一种高效的算法，将四维偏微分方程简化为二维，并通过扰动法求解，得到近似解析定价方程。此外，采用 Hull-White 和 Heston 波动率模型进行了价值计算和利率风险敏感性分析，验证了提出的算法的准确性和效率。

　　其次，本书分析了非线性收益衍生品的定价问题，介绍一种快速算法以寻找非线性函数的最优静态复制组合，并提供了收敛性证明。该方法基于 Ross（1976）与 Breeden 和 Litzenberger（1978）的理论，通过设计自适应函数来估计误差界限，推导出选择最优执行价的等分布方程，证明了新算法的简便性、快速性和精确性。

最后，本书介绍了两种改进算法——改进标准二叉树算法和改进标准最小二乘蒙特卡罗模拟算法（LSM），用于美式期权的定价。通过将具有解析解的Capped 期权整合进标准算法中，提高了算法的效率和准确性。大量数值实验证实了这些改进算法的有效性。

总体而言，本书不仅为金融工程师和从业者提供了一套实用的工具和方法，也为学术界提供了新的研究方向和理论洞见，是金融衍生品领域的一部重要作品。最后感谢河北师范大学各位老师的关心指导，感谢家人的陪伴支持，感谢河北师范大学科研基金项目（L2022B29）的资助。

目　录

1 绪论

1.1 研究背景和研究意义

1.1.1 研究背景

衍生品又称原生金融衍生品，是金融市场重要的交易产品之一，指以原生金融资产(如货币、债券、股票等)为基础，以杠杆交易和信用交易为主要特征的金融产品。当前全球金融市场上四种最基本的衍生品是远期、期货、期权和互换，约翰·赫尔在《期权、期货和其他衍生品》一书中对这些衍生品进行了较为详细的阐述。随着衍生品定价的逐步发展，在自芝加哥交易所成立以来的40余年里，衍生品交易的规模得到空前发展，其种类日趋丰富和完善，且现代公司和金融机构投融资以及管理风险对衍生品的需求也日新月异。尤其是期权的出现，提升了金融市场的完备性。

期权最早出现在圣经故事中，《圣经·创世纪》记载，大约1700年前，名为雅克布的男子爱上了名为瑞切尔的女子，而瑞切尔的父亲拉班提出了类似期权的协议，即需要雅克布以7年的劳动来换取婚姻。雅克布为了同瑞切尔结婚签订了为拉班工作7年的协议，作为获准结婚的许可。参照期权的定义可以看出，雅克布为拉班工作7年的报酬就是"权利金"，这是提前支付的(在同瑞切尔结婚以前)，以此换来结婚的"权利"而非义务。这个"权利"让雅克布在劳作7年之后可选择执行或者不执行，这就是最早关于期权合约的内涵之一。

亚里士多德在《政治学》一书中提到了一个关于哲学家利用期权发财致富的故事。这个故事的主人公是古希腊著名哲学家泰勒斯，泰勒斯预测橄榄次年丰收，并向橄榄榨油器的拥有者索要下一年榨油器的使用权，于是只支付了一小笔费用作为"权利金"。一年后橄榄丰收，泰勒斯也因此获得了巨额收益，成为第一个因期权发财致富的哲学家。

　　由此可以看出，期权很早就为人们所使用，而期权作为一种金融产品，其交易起始于 19 世纪初期的欧美市场。当时，相关期权交易制度和法律制度并不健全，其交易范围也未受到限制，因而违约事件时常发生。金融市场参与者不够重视，基于信用的期权一直未能得到很好的发展，直到 1973 年 4 月 26 日，芝加哥期权交易所（Chicago Board of Options Exchange，CBOE）经美国证券交易委员会（SEC）批准正式成立，推出了标准化的股票认购期权合约，为金融市场上进行统一化和标准化的期权合约买卖提供了平台，从而为广大期权交易者解决了信用和信息不对称等问题，期权才开始受到金融市场的重视。

　　同时，场外市场也一直在不断发展。大量衍生品交易在场内市场和场外市场进行，虽然场内市场为交易商提供了较为透明的信息，但场外市场的交易量一直超过场内市场，原因之一就是场内市场提供的是标准化的合约，而标准化的期权无法满足大部分交易商的要求，并且随着金融法律制度的健全，场外市场金融交易的安全性也越来越好。根据国际期货业协会（FIA）对全球 80 多家交易所数据的汇总统计①，2023 年全球期货和期权成交量为 1372.93 亿手，比 2022 年增长了 63.7%，首次突破千亿手，创历史新纪录，远高于 2016~2022 年的平均增速，这也是连续 6 年全球成交持续创纪录。创纪录的成交受到了亚太市场快速增长的推动，印度和中国的增幅分别为 128.1% 和 25.6%。分类别来看，金融和商品的期货和期权的成交增幅分别为 68.1% 和 27.8%，金融和商品成交双向增长助推成交再创新高。按照产品项目细分，金融类产品中的股指成交量增长最强劲，成交创历史高点 998.52 亿手，增幅高达 105.4%，高于 2022 年 72.9% 的增幅。

　　2015 年，我国正式推出上证 50ETF 期权。由此，期权交易为我国金融发展

---

① 2023 年全球期货和期权交易总量再创新高［EB/OL］.［2024-01-23］. http：//fince. eastmoney. com/a/202401232969603771. html.

掀开了新的一页，进入快速发展期。2006 年 9 月 8 日，中国金融期货交易所在上海挂牌成立。2010 年 4 月 16 日，历经近 4 年的筹备，中国金融期货交易所沪深 300 股指期货上市。自此，我国金融期货市场正式启航，一级、二级市场和风险管理工具构筑的多层次资本市场体系粗具规模。截至 2022 年末，金融期货市场总持仓 129.34 万手，占全国期货市场的 3.62%；全年总成交 1.52 亿手（单边）和 133.04 万亿元，分别占全国期货市场的 2.24% 和 24.87%①。目前，中国金融期货交易所包含的产品包括：①权益类产品，如沪深 300 股指期货、中证 500 股指期货、中证 1000 股指期货、上证 50 股指期货、沪深 300 股指期权、中证 1000 股指期权、上证 50 股指期权。②利率类产品，如 2 年期国债期货、5 年期国债期货、10 年期国债期货和 30 年期国债期货。

2023 年，交易商协会联合外汇交易中心、上海清算所组织金融衍生品专业委员会市场专家共同编写发布的《中国场外金融衍生品市场发展报告（2022 年度）》指出，在中国人民银行、国家外汇管理局的指导下，交易商协会、外汇交易中心和上海清算所持续推动场外金融衍生品创新和机制优化，完善衍生品主协议文本序列，夯实配套基础设施建设，加强市场参与者培育，持续推动场外金融衍生品市场健康发展。2022 年全年，银行间市场利率、汇率、信用衍生品分别成交 21.3 万亿元、145.2 万亿元、530.6 亿元，衍生品市场规模总体保持平稳，产品序列不断丰富，运行管理机制更加完善，标准文本供给丰富，市场活力持续增强，交易服务水平有效提升②。

在衍生品的交易中，衍生品的价格是双方进行交易的前提之一，因而如何对衍生品定价至关重要。众所周知，Black 和 Scholes（1973）及 Merton（1973）建立了 Black-Scholes 方程（B-S 方程），基于该方程得出了标准欧式期权的解析解，这成为业界的标准，吸引了众多专家学者继续在期权定价领域进行研究。B-S 方程迅速在学术界和金融实务界得到了发展和应用。由于标准化的期权和标准化的定价等有利因素，期权的交易也成为金融市场交易的核心，从而造就了闻名遐迩的华尔街革命。但是，Black 和 Scholes（1973）的模型只给出了标准欧式期权（Vanil-

---

① 资料来源：https：//www.cfachina.org/industrydynamics/mediaviewoffuturesmarket/202305/t20230506_42108.html。

② 资料来源：https：//www.nafmii.org.cn/xhdt/202310/t20231016_315950.html。

la European Option）价格的精确解，该模型要求波动率和利率均为常数，不太符合市场实际，且绝大多数期权（包括可提前执行的或者波动率、利率是随机的变量时等）至今无法求出统一的解析解（只在少数特定情况下能够求出美式期权的解析解）。因而期权的数值解（或称近似解）就是期权交易的重要参考变量，不仅在学术上，在金融实务上也非常重要。一般来说，期权定价的基础数值方法主要包括两种：叉树算法（Lattice Tree Methods）和蒙特卡罗模拟（Monte Carlo Simulation）。这是迄今为止最重要的两种期权定价的数值算法，但这两种方法的改进方案仍在不断提出。其他方法包括差分方法、有限元方法以及静态复制方法等，也是众多学者和金融交易者的研究重点。

长江商学院金融学教授黄明在第四届中国深圳国际期货大会上所作的题为"发展简单衍生品，限制复杂衍生品——全球金融危机的启示和应对"①的演讲提出，期货、互换等金融产品归为简单的衍生品，而期权等更加复杂的衍生品为复杂衍生品。在金融实务界和学术界出现了一些复杂衍生品的交易和研究，但相关文献资料还不够，并且一些定价方法比较复杂，难以推广。复杂衍生品由于定价困难，且对其风险控制需要相当专业的金融知识，因而在市场上交易复杂衍生品很容易成为"任人宰割"的对象。20世纪七八十年代，国际投行因为设计了大量复杂的结构性衍生产品而获得了丰厚的收益，作为国际顶级投行之一的摩根士丹利因此被业内称为华尔街明火执仗的"抢劫犯"，购买了此类复杂衍生品的客户则被称为任人射击的"泥鸽靶"。

40多年来，金融学者通过不懈努力和深入探索，逐渐揭开了复杂衍生品身上的神秘面纱并研究出许多定价分析方法。在众多的数值方法中，叉树算法和蒙特卡罗模拟能处理大多数衍生品的定价问题，但其原理相对简单，已越来越难以提供精确的数值解。

现代的研究更加注重对特定衍生品的深入分析，旨在开发出更为有效和合理的算法。随着人工智能时代的来临，利用人工智能算法进行金融衍生品定价的方法受到了前所未有的关注。人工智能技术以其强大的数据处理能力和学习能力为

---

① 资料来源：http://www.cfachina.org/yjycb/cbw/zgqh/2009/0000NDYQ00ZDQQ/200903/t20090320_1434014.html。

复杂衍生品的定价问题提供了全新的解决思路。通过机器学习、深度学习等技术，可以挖掘数据中隐藏的模式和关系，从而构建更加精准和高效的定价模型。这不仅为金融领域带来了创新性的变革，也为衍生品市场参与者提供了更可靠的决策支持。

1.1.2　研究意义

在过去 40 多年中，金融衍生品交易的数量和种类得到空前发展，衍生品已经成为现代公司、金融机构投融资及管理风险的必备工具，尤其是期权激励机制已经成为众多公司的选择。从交易数量来看，非标准化的衍生品的交易量（场外交易）远超过标准化的衍生品的交易量，衍生品越来越多样化，而这就是衍生品的价值所在。衍生品的设计就是不断创新以适应场外交易商的交易需求。然而复杂衍生品蕴含的风险确实可能引发区域性金融危机，甚至是全球金融危机。从美国 2007 年的次贷危机就可以看出衍生品可能带来的后果，这次危机让不少专家学者对衍生品的进一步复杂化持否定态度。然而，对待衍生品在定价和风险上的复杂性，需要认真研究分析。在金融快速发展的今天，如何高效定价各种复杂衍生品价格，为金融市场投资者提供更好的有效信息、算法应用以及价值指导，是非常重要的金融学术问题。因此，使用更加简单有效的算法完成复杂衍生品的定价过程，才能更好地对风险进行控制、体现金融衍生品的投资价值、发挥金融市场的资源配置作用。

华尔街革命之后，金融市场上期权交易量一直稳步上升，成为重要的金融工具。在金融实务界和学术界出现了一些复杂衍生品的交易和研究，然而相关文献资料不多，且一些定价方法比较复杂，因此难以推广。基于以上原因，本书分析了时间期权、复杂收益衍生品以及美式期权的算法改进。

拟将时间期权的定价研究推广至随机利率模型下，以期在金融实务上提供时间期权的投资价值，同时也能在学术上丰富时间期权的定价研究。

复杂收益衍生品的定价还没有解析解，需要使用期权组合来复制其复杂收益函数。使用期权组合来复制复杂收益函数的思想可追溯至 Ross（1976）、Breeden 和 Litzenberger（1978）的研究。如果执行价为 0 到无穷大的期权都是足够的，那么在到期日的任意收益都能够通过静态对冲来复制。使用期权组合来对冲非线性收益衍生品在基金界是较重要的投资手段，因此期权复制不仅在学术领域具有较好的研究价值，在金融实务领域其应用也相当重要。本书拟提供一种简单稳健的方法来解决期权复制最优化问题，并提供该方法的收敛性证明以及将该方法扩展至违约模型，在学术研究和金融实务领域丰富期权复制的定价研究。

美式期权是指在给定到期日之前的任何时刻，期权的持有人均可行使其权利（以给定价买入给定标的资产或者以给定价卖出给定标的资产）的期权。在当今金融衍生品市场中，美式期权的交易很常见，其交易有助于投资者进行套期保值规避风险，适应其多样性的投资动机，为其开拓投资渠道，从而使其获得较高收益。定价美式期权的两种基础数值方法就是叉树算法和蒙特卡罗模拟。Cox 等（1979）最早提出二叉树算法（Binomial Tree Methods），该算法称为定价美式期权的标准算法。二叉树算法的基本思想是无套利原理，通过遍历节点的方式刻画标的资产演变路径，然后通过倒推，一步一步求出美式期权的价值。该思想较为直观，但在时间效率上略显不足，尤其是当标的资产扩大至三维或者四维及以上时，该算法的代价过大以致很难计算。2001 年，最小二乘蒙特卡罗模拟算法（Least-Squares Monte Carlo Methods，LSM）首次被 Longstaff 和 Schwartz 提出，这是一种简单有效通过模拟来定价美式期权的算法，通过大量路径的模拟，得到美式期权的价值，缺点是其稳定性不够。但是在标的资产扩大至多维时，该算法依然能快速计算美式期权价值。这两种算法各有优劣，在对同一金融产品定价分析上可以互相取长补短。美式期权作为复杂衍生品，其交易在当前金融市场上随处可见，交易量也日趋增加，对其定价的研究非常丰富。本书基于最基本的两种数值定价方法（二叉树算法和最小二乘蒙特卡罗模拟算法），对其进行分析研究。使用一种有解析解的期权——Capped 期权作为工具，对两种标准数值定价算法，即二叉树算法和最小二乘蒙特卡罗模拟算法进行改进。以大量的数值结果证明改进算法的有效性，这也进一步加深了对基础算法及 Capped 期权的认识。

1.2 本书的研究框架

本书共分为 7 章，每章内容各有侧重，分别概括如下：

第 1 章是绪论。主要对本书的研究背景、研究意义、研究框架、参考的文献综述及主要贡献进行介绍。通过这些介绍能够让读者了解本书的出发点和落脚点，尤其是对本书的主要贡献有大致的印象。

第 2 章是衍生品定价基础。主要包括衍生品基础知识(介绍本书研究的时间期权、非线性收益衍生品以及美式期权)、数学基础、定价模型及定价数值方法。这些理论基础均在本书后面章节出现，是支撑本书的基石。

第 3 章是时间期权定价近似解析解算法。本章提出了在随机利率下的时间期权定价的近似解析解公式，时间期权定价的随机波动率模型包括 Heston 随机波动率模型和 Hull–White 随机波动率模型。通过对包含随机利率和随机波动率的时间期权定价模型的推导计算，以及与多维蒙特卡罗模拟算法的对比，得到了既准确又快速的算法。

第 4 章是非线性收益函数静态复制算法。本章提出了一种新的定价非线性收益衍生品的静态复制算法并证明了其收敛性。考虑到非线性收益衍生品的交易市场的不完备和交易市场模型的不同，笔者分别在不完全市场和完全市场下的对数正态模型和交易对手风险模型下运用了该算法。通过计算对比，得到了该算法有效性的验证。

第 5 章是美式类期权定价改进算法。本章改进了定价美式类期权的两种基本算法：二叉树算法和最小二乘蒙特卡罗模拟算法。这两种改进算法均以有解析解的 Capped 期权作为工具进行改进。本章通过大量的数值计算得到了改进算法有效性的结论。

第 6 章是融合应用的发展前沿和趋势。本章简述融合应用的发展前沿，包括金融衍生品定价算法与机器学习、深度学习、强化学习的融合应用，然后结合相关会议和资料指明发展趋势。

第 7 章是结论，包括本书的总体概括、主要贡献、内容不足以及可进一步研究的展望。

按照上述内容介绍，本书的研究框架如图 1-1 所示。

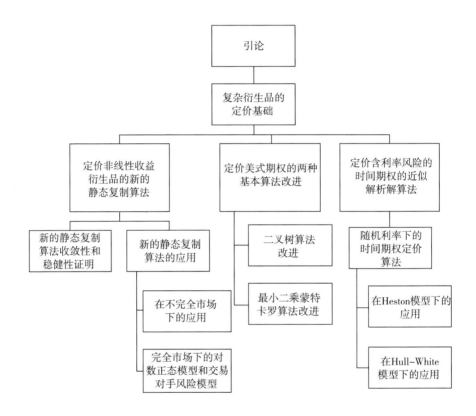

图 1-1 本书的研究框架

1.3 国内外研究现状和发展趋势

时间期权类似标准期权，其行权日为当标的股票的累积方差达到给定临界值的首达日。这种产品能够让投资者更加灵活地投资并且保证他们不会为一个期权过多支付费用。时间期权在 2007 年首次被 Société Générale 公司和投资银行(SG CIB)交易。由于其复杂性,时间期权在刚开始时被卖给高级投资者,如对冲基金,之后被越来越广泛地交易。

实际上,时间期权首次出现在 Neuberger(1990)的论文中。虽然 Bick(1995)研究了在连续时间模型下的时间期权,但当时这样的产品还未出现在金融市场上。Carr 和 Lee(2010)提出了当无风险利率为 0 时的一种稳健的复制方法用来分析时间期权。对于 Hull-White 随机波动率模型可参考文献 Hull 和 White(1987)。Geman 和 Yor(1993)提出了与随机到期日相关的一种显式的公式,使用一些贝塞尔过程显著的特征。Saunders(2011)研究了一种渐近展开方法定价在快速均值回归随机波动率模型下的时间期权。Monte Carlo 方法用来模拟时间期权的价格(Li, 2010;Bernard and Cui,2011)。更重要的是,Bernard 和 Cui(2011)提出了一种时间转换的方法来减少计算单个时间期权的时间,使计算时间从几小时缩短至几分钟。Liang 等(2011)使用在量子场论发展的路径积分技术来研究时间期权。Li 和 Mercurio(2014)开发了一种渐近展开方法,得到了 Heston 模型和 3/2 模型的时间期权定价近似解析公式。Li 和 Mercurio(2014)、Li 和 Mercurio(2015)分别开发了一般随机波动率模型和类 Heston 模型下时间期权定价的近似解析方法。这些近似公式既快速又准确,尤其是在方差波动不大的情况下。Zeng 等(2015)介绍了在不同随机波动率过程(包括 Heston 模型等流行模型)下为有限期限离散时间期权定价的快速希尔伯特变换算法,还探讨了时间期权的定价特性与各种参数的关系,如方差波动率、资产价格过程与瞬时方差过程之间的相关系数、采样频率和方差预算等。此外,Li(2016)探索了时间期权、随机波动率和贝塞尔过程之间的数学联系,为基于已实现方差的衍生品背景下的时间期权估值提供了一个新的视角;同时得到了时间期权定价的布莱克-斯科尔斯-默顿(Black-Scholes-Merton)式,从而扩展了 Heston 模型的分析可操作性。Wang 和 Zhang(2018)的研究重点是利率时变下系数变化的随机波动率模型中的时间期权定价,强调了在时间期权定价中考虑动态因素以准确把握市场状况的重要性。并考虑到经济变量随时间变化,时变模型能更好地拟合金融数据,构建了具有时变系数的随机波动率模型。Ma 等(2021)提出了统一的余弦柳树法,它继承了转化法的优点,又克服了其缺点,探讨了该方法在处理路径依赖期权(如时间期权)的灵活性。Han 等(2022)

通过渐近分析得到时间期权的一阶近似值，并分析各种参数的随机波动性对时间期权的影响。Kirkby 和 Aguilar（2023）证明收益时间期权可以作为收益障碍产品的线性组合来定价，从而为组合衍生产品家族提供了一个一致的定价框架。Kim 等（2023）使用渐近分析方法处理了考虑对手违约风险的时间期权定价问题，并根据对脆弱时间期权的定价公式，研究了随机波动对信用风险或方差预算对期权价值的影响。Ha 等（2024）研究了波动率受快速均值回复过程控制的时间路径依赖期权的估值问题。Choi 等（2024）使用渐近分析方法研究了恒定方差弹性（CEV）模型下的时间期权定价。

总之，时间期权的相关文献表明，人们对开发先进的定价方法和模拟方法以在各种随机波动率模型下有效评估这些特殊衍生品价值的兴趣与日俱增。该领域的研究仍在继续发展，重点是提高在不同的市场条件下，不同类型时间期权定价的准确性和高效性。

复杂收益衍生品的定价还没有解析解，需要使用期权组合来复制其复杂收益函数。使用期权组合来复制复杂收益函数的思想可追溯至 Ross（1976）、Breeden 和 Litzenberger（1978）的研究，如果执行价为 0 到无穷大的期权都是足够的，那么在到期日的任意收益函数都能够通过静态对冲来复制。在无套利的假设下，被复制的衍生品的价格就是复制的期权的总收入。与动态复制这种因连续调整而带来的高交易成本相比，静态复制具有显著优势（Derman et al.，1995；Carr et al.，1998；Demeterfi et al.，1999）。Carr 和 Wu（2013）研究了标的资产价格带有随机过程的期权对冲，并且比较了静态对冲和 delta 对冲，得出了静态对冲具有明显优势的结论。

Demeterfi 等（1999）使用欧式看跌期权和欧式看涨期权在等分的执行价下复制了对数收益函数，然而这种方法并非最优。Broadie 和 Jain（2008）提出了一种能够达到近似最优的静态复制方法，即给定一组已知平均等距的执行价的固定数量期权，使用模拟方法得到期权的数量，使一个方差互换与一揽子复制期权的收益曲线的平方误差之和最小化。但是，这种方法可能需要付出更多的计算代价。

为了避免计算烦琐的模拟方法，Liu（2010）提出了三种在一般非线性收益函数下的近似最优方法：一是简单的最小面积方法，该方法寻找一组执行价使目标收益曲线与复制组合曲线之间的区域最小；二是通过加入条件分布来改进第一种方法，通过最小化期望区域来代替原目标；三是通过不同的权重或期权的数量来最小化收益函数和复制组合之间差异平方和的期望值。其中，第三种方法仍然需要付出较大代价来求解期权复制复杂非线性收益的最优解，尤其是这种方法对于一些复杂非线性收益函数而言，使用起来较困难，如非凸非凹函数，因为在这种情况下期望区域可能是负的或者正的。虽然 Liu(2010) 指出一种可能性是将收益曲线分为凸性区域和凹性区域，然后分别进行计算，但这样就需要计算两个最优化问题因而需要耗费更多的时间，同时 Liu(2010) 没有研究该方法的收敛性。

Wu 和 Zhu(2016) 提出了基于合约特征近似匹配而非风险敏感性的新对冲策略，该策略通过匹配期权函数在到期日和行权价上的扩展，对冲效果随目标期权和对冲期权之间的到期日和行权价距离而变化，在不同风险环境下的模拟分析表明，广泛的行权—到期日组合可以超越动态 delta 对冲。Guo 和 Liu(2023) 从三个方面改进了 Wu 和 Zhu(2016) 的方案，包括利用布莱克-斯科尔斯-默顿二元方程，提出了一种更好的误差测量方法，以及两种对冲误差百分比的衡量方法，显著提高了对冲性能。

此外，Lo 等(2019) 提出了仿射框架下 VIX 衍生品定价的有效方法。Lee 等(2022) 使用扩展的静态对冲方法研究具有任意报酬函数的多步骤障碍期权。Lee 等(2023) 基于 Lee 等(2022) 的研究结论，从静态对冲的角度探讨了具有任意欧式回报的多步双障碍期权的定价问题，开发了在布莱克-斯科尔斯模型下构建由简单离散障碍期权组成的精确静态对冲组合。Dimoski 等(2023) 研究了一家水电生产商通过交易货币和电力期货合约来对冲风险的风险管理问题。模型考虑了三类风险：供应不确定性导致的运营风险、电价变动导致的利润风险，以及运营和交易以不同货币进行时的汇率风险。他们发现，动态套期保值可显著降低风险，其表现优于实践中常用的静态套期保值比率。

研究表明，在定价复杂收益衍生品时，静态复制策略展现出了良好的拓展性。与动态复制相比，静态复制拥有其独特的优势，这使研究者和实践者需要根据具体的市场环境和需求选择更适合的方法。由于静态复制和动态复制各有千秋，未来的研究应当明确研究的目的和要求，从而决定采用静态复制还是动态复制，以确保研究能够达到预期的效果。因此，对这两种方法的深入理解和恰当选择，对复杂衍生品定价的研究至关重要。

研究二叉树的相关文献很多，Cox 等（1979）首先在期权定价领域中应用了二叉树算法，且将之与布莱克-斯科尔斯公式相结合，得到了从标的资产路径分析期权价值的算法。随后二叉树算法在期权定价领域的研究迅速多了起来，如 Hull 和 White（1990）、Jiang 和 Dai（2004）、Liang 等（2010）。Liu 等（2014）基于二叉树算法思想提出了一种简单又快速的叉树算法来计算美式期权和亚式期权的上下界，该算法通过线性插值来减少二叉树算法中的计算代价和误差。通过数值结果，表明该算法相比其他已有算法能够更好地产生上下界。随着标的资产维度的增加或者模型的随机变量的增加，多维叉树算法逐渐发展起来。Dehghani 等（2014）在多维叉树算法上加入了一个新的技术——角锥体技术（Pyramid Technique），以解决经济不确定下的工程问题。Akyildirim 等（2014）分析了叉树算法在 Heston 随机波动率下的扩展应用，提出了新的叉树算法，将叉树过程扩展为四维马尔可夫过程（Markov Process），并在二维叉树过程中包括股票价格过程和波动率过程，在另外两部分中则是随机游走过程（-1，+1）。他们将该算法应用到美式和欧式看涨看跌期权、障碍期权、回望期权及亚式期权，并且证明了弱收敛性。

自 Longstaff 和 Schwartz（2001）提出最小二乘蒙特卡罗模拟算法以来，该方法作为定价美式算法的基本算法被众多学者引用，对其研究也从未间断过。Stentoft（2004a、2004b、2005、2008）分别使用 LSM 计算了美式期权在常数波动率下和 GARCH 模型下的应用。Areal 等（2008）回顾了 LSM 的相关改进，提出了一种更加快速和有效的方法。Zanger（2013）继续研究了 LSM 的数值计算误差，基于标准的 Longstaff-Schwartz 算法，证明了新的误差估计。他们在期望 L^2 样本误差下建立了 $O(\log^{\frac{1}{2}}(N)N^{-\frac{1}{2}})$ 收敛阶（其中 N 为模拟路径数量）。Mostovyi（2013）在进一步分析了 LSM 的稳定性问题后认为，在执行日数量增加的情况下，LSM 较具稳定性。在多种风险因素下，LSM 逐渐成为一种标准的数值算法。然而随着风险因子的增加，太多或者太少的回归参数都会产生误差。尤其是考虑到多种风险因子情况下的模拟计算代价越来越高，需要减少路径数量。Letourneau 和 Stentoft（2014）在 LSM 的基础上加入了一个构造，来减少在多种风险因子下的回归误差。他们将这种方法应用于不同类型的期权，并得到了明显的改进效果。Abbas-Turki 等

（2014）则在图形过程（Graphics Processing）下应用了 LSM。

其他数值算法如有限差分方法，在定价衍生品中的使用也非常普遍。并且随着模型的不断复杂化，各种数值算法也不断提出，如随机波动率模型下的叉树算法，Liption 等（2014）总结了在随机波动率模型下的数值算法，由于在相关系数为 0 的情况下（如标的资产与波动率不相关），一些定价问题能够通过推导得出解析解，但大多数情况下仍需要数值方法。这篇文章通过解析的或者半解析的方法将这些数值算法的基准进行了综述。如前文所述，B-S 方程有严格的市场假设，包括流动性、无摩擦（无交易成本等）以及完全市场假设等。非线性 B-S 方程则放开了部分假设，Guo 和 Wang（2015）研究了非线性 B-S 模型下的非线性期权定价数值算法。

近年来，人工智能在金融衍生品定价领域的应用逐渐受到广泛关注。国外的专家学者很早便开始探索利用深度学习方法对期权进行定价。例如，Malliaris 和 Salchenberger（1993）的研究表明，基于神经网络的算法相比传统的 B-S 模型，在期权定价预测方面误差更小，并且无须依赖严格的统计假设条件。

在国内，应用深度学习算法进行期权定价的研究也日益增多，研究深度不断拓展，涉及精确度、投资者行为结构、衍生品创新等维度。谢合亮和游涛（2018）指出，基于深度学习的算法模型无须构建复杂的数学模型，也无须建立在严格统计假设条件下，且其预测效果更加准确。实证研究结果证实，相比传统的 Monte Carlo 期权定价法，基于深度学习算法的期权定价方法展现出更优的实验结果。然而，该方法需要不断输入不同的变量组合来提高期权定价的预测精度。

在人工智能快速发展的背景下，相关的研究文献不断涌现，如孙有发等（2021）、张宁等（2023）及季鑫缘等（2023），为该领域贡献了丰富的理论和实证成果。展望未来，我们有理由相信，人工智能在金融衍生品定价方面的研究和应用将进一步深入，并推动金融市场的创新与发展。

1.4　本书的主要贡献

本书主要研究三个部分，包括定价含利率风险的时间期权的近似解析解算法、定价非线性收益衍生品的新的静态复制算法以及美式期权的算法改进。基于上述分析，本书的主要贡献有以下三个方面。

第一，本书将时间期权的定价扩展至随机利率模型。迄今为止，关于时间期权的文献只研究在固定利率下的情况。将随机利率与随机波动率的相关性考虑进来，能够对时间期权更好地进行定价。然而在此情况下，随机利率下的时间期权定价是一个四维偏微分方程，不能直接求解。因此，笔者通过变量替换等方法将该四维问题降低为二维问题，然后使用扰动法得到该二维方程的逼近解，最后通过 Matlab 编程计算得到时间期权在 Heston 随机波动率模型和 Hull-White 随机波动率模型下的近似解析解。并且通过与多维蒙特卡罗模拟算法进行对比，证明了该近似解析解算法既准确又快速，能有效地提高定价的效率。

第二，本书提出了一个新的稳定的、收敛的且更快速的方法来解决最优静态复制非线性收益函数问题。该方法相比 Liu（2010）提出的方法更具优势，该方法较简单，能够应用到更加复杂的非线性收益函数并且其收敛性能够被证明。通过在不完全市场下和完全市场下的对数正态扩散模型和交易对手风险模型下的 Matlab 编程计算，证明了算法的有效性。

第三，本书将一种简单且有解析解的期权——Capped 期权应用到美式期权的定价算法中，提出了改进的二叉树算法和 LSM，并且通过大量数值计算证明了这两种改进的算法较原基础算法更加有效。

2　衍生品定价基础

本章是衍生品定价的基础理论部分，第 1 节介绍衍生品的基本概念，包括衍生品的定义。然后重点介绍了本书研究的复杂衍生品，包括时间期权、非线性收益衍生品及 Capped 期权。第 2 节是衍生品定价数学基础，包括 B-S 方程、风险中性定价，以及欧式看涨期权和看跌期权平价公式。第 3 节是衍生品定价模型，包括常数波动率模型(B-S 模型)、随机波动率模型、交易对手模型、随机利率模型。第 4 节是衍生品定价数值方法简介，主要介绍二叉树算法和蒙特卡罗模拟，最后简单介绍有限差分算法。

2.1　衍生品概述

2.1.1　衍生品的基本概念

衍生品是从基础金融产品(一般为股票和债券)衍生而来的产品。复杂衍生品与简单衍生品(如远期、期货以及互换)相比，其定价算法和风险控制更加复杂。复杂衍生产品既包括基础的衍生品，如美式期权；又包括将两种以上衍生品种结合起来的衍生品，如期货期权等。本书研究的复杂衍生产品只是其中的一部分，包括时间期权、非线性收益衍生品及美式期权。

期权(Option)是一种只有权利没有义务的金融产品。看涨期权或者看跌期权允许持有人在未来一段时间内以事先规定的价格(或以事先规定的确立价格的方式来确立价格，如路径依赖期权等)买入或卖出标的资产。期权在管理上的应用也非常广泛，如经理股票期权，该期权在企业管理上具有重要的作用，被广泛应用于企业管理。

期权按照不同的分类方式可分为看涨期权（Call Option）和看跌期权（Put Option）、欧式期权（European-style Option）和美式期权（American-style Option）、非障碍期权和障碍期权、非路径依赖性期权和路径依赖期权（又分为强路径依赖期权和弱路径依赖期权）、线性收益期权和非线性收益期权，以及奇异期权和非奇异期权（标准期权）等。可以看出，期权是弹性非常大的金融产品，通过对期权不同风险收益特征的改变能够得到不同风险收益特征的产品，适合不同需求的投资者。这些不同的风险收益特征涉及不同的参数，包括到期日（Expiration Date）（又称行权日）、敲定价格（Strike Price）［又称执行价格（Exercise Price）］、标的资产、行权方式等。一般的期权以股票为标的资产，由于期权的这种买卖特性，一切交易的实物或者非实物都可以当作标的资产，如实物期权、房地产期权等，这些均具有期权的特性，所以，现代意义上的期权已经远远超出期权作为金融产品本身的范畴。

下面简单描述下在没有期权金的情况下欧式看涨期权和看跌期权的收益曲线。欧式看涨期权和看跌期权的收益曲线如图 2-1 所示，横轴为标的资产价格 S，执行价为 K，纵轴为收益。欧式看涨期权最低收益为 0（如果有期权金，那么最低收益为损失全部期权金，损失有个下限），而最高收益可以无穷大；欧式看跌期权最低收益同样为 0，然而最高收益为 K（当股价为 0 时，持有者仍然可以价格 K 卖出该标的资产，收益有个上限）。

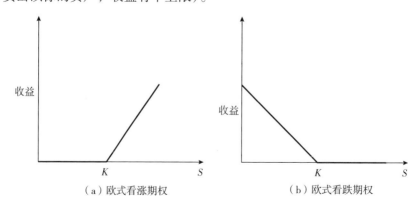

（a）欧式看涨期权　　　　　　　（b）欧式看跌期权

图 2-1　欧式看涨期权和看跌期权的收益曲线

2.1.1.1　期权价值的上下界

首先，可以得到一个不等式（美式期权可以提前执行）：

$$C^E \leqslant C^A, \quad P^E \leqslant P^A.$$

对于欧式期权和美式期权具有相同的执行价 K 和到期日 T。其中，C^E 和 P^E 分别为欧式看涨期权价值和欧式看跌期权价值，C^A 和 P^A 分别为美式看涨期权价值和美式看跌期权价值。美式期权拥有者至少享有和欧式期权拥有者同等的权利。

其次，还有一个显而易见的不等式，即

$$C^E \geqslant 0, \quad P^E \geqslant 0.$$

同样的不等式也适用于美式期权。一般来说，期权价值都是大于 0 的，然而由于中国股市设置了涨跌幅的限制，除了新股上市，普通股票一天的涨跌幅为 10%，ST 股票涨跌幅为 5%，因此，假设在到期日的前一天，股票为 100 元，而执行价位为 120 元，则看涨期权的价值为 0。

对于欧式期权来说，可以发现

$$C^E < S(0),$$

如果该不等式反向出现了，即

$$C^E \geqslant S(0),$$

可以卖出该期权，并且买入股票。在到期日 T，能够以 $\min(S(T), K)$ 来卖出股票，并平仓。可以得到一个套利收益

$$(C^E - S(0)) e^{rT} + \min(S(T), K) > 0,$$

其中，r 为无风险利率。根据无套利理论，反向证明了 $C^E < S(0)$。另外，有下界

$$S(0) - Ke^{-rT} \leqslant C^E,$$

该结论由看涨期权和看跌期权平价公式得到（详见 2.2.3.3），由于

$$P^E \geqslant 0,$$

根据看涨期权和看跌期权平价公式也可以得到

$$P^E < Xe^{-rT},$$

由于

$$C^E < S(0),$$

且

$$-S(0)+Ke^{-rT} \leqslant P^E,$$

所以

$$C^E \geqslant 0$$

图 2-2 更加直观地给出了上述结论。虚线和加粗实线封闭部分为满足上下界的期权价值。

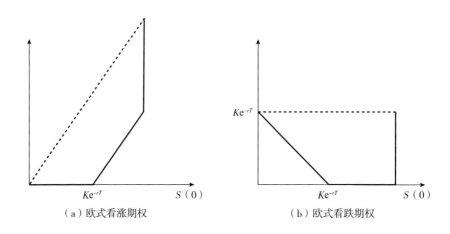

（a）欧式看涨期权　　　　　（b）欧式看跌期权

图 2-2　欧式看涨期权和看跌期权的上下界

综上所述，可以得到结论：欧式看涨期权和看跌期权在没有分红情况下满足下列不等式：

$$\max\{0, S(0)-Ke^{-rT}\} \leqslant C^E < S(0),$$

$$\max\{0, -S(0)+Ke^{-rT}\} \leqslant P^E < Ke^{-rT}.$$

在有分红 div_0 的情况下，

$$\max\{0, S(0)-\mathrm{div}_0-Ke^{-rT}\} \leqslant C^E < S(0)-\mathrm{div}_0,$$

$$\max\{0, -S(0)+\mathrm{div}_0+Ke^{-rT}\} \leqslant P^E < Ke^{-rT}.$$

定理 2.1.1： 在没有分红情况下，欧式看涨期权和美式看涨期权价值相等，即

$$C^A = C^E,$$

其中，执行价 K 和到期日 T 相同。

证明： 已知

$$C^A \geqslant C^E,$$

如果

$$C^A > C^E,$$

假设卖出一份美式看涨期权并且买入一份欧式看涨期权。初始投资额为

$$C^A - C^E.$$

如果美式期权在时间 $t \leqslant T$ 时执行，以价格 K 卖空一份股票，然后在到期日 T 执行欧式看涨期权，以价格 K 买入一份股票以平仓股票头寸。这样，就得到了一个套利收益

$$(C^A - C^E) e^{rT} + K e^{r(T-t)} - K > 0.$$

如果美式期权不执行，就能得到收益

$$(C^A - C^E) e^{rT} > 0.$$

根据无套利理论，

$$C^A = C^E.$$

同理，可以得出美式看涨期权和看跌期权在没有分红情况下的不等式：

$$\max\{0,\ S(0) - K e^{-rT}\} \leqslant C^A < S(0),$$

$$\max\{0,\ -S(0) + K e^{-rT}\} \leqslant P^A < K e^{-rT}.$$

在有分红 div_0 的情况下，

$$\max\{0,\ S(0) - \mathrm{div}_0 - K e^{-rT},\ S(0) - X\} \leqslant C^A < S(0),$$

$$\max\{0,\ -S(0) + \mathrm{div}_0 + K e^{-rT},\ -S(0) + X\} \leqslant P^A < X.$$

2.1.1.2　影响期权价值的变量简析

期权的价值依赖一系列变量，如执行价 K、到期日 T、标的资产价格 S、波动率 σ、无风险利率 r 等。下面给出欧式期权和美式期权的价值依赖这些变量的变化。

第一，对于欧式期权来说，当执行价 K 变动，其他变量保持不变时，则有：

（1）如果 $K' < K''$，则

$$C^E(K') > C^E(K''),$$

$$P^E(K') < P^E(K''),$$

即欧式看涨期权随着执行价的上升严格下降，欧式看跌期权随着执行价的上升严格上升。

（2）如果 $K'<K''$，则

$$C^E(K')-C^E(K'')<\mathrm{e}^{-rT}(X''-X'),$$

$$P^E(K'')-P^E(K')<\mathrm{e}^{-rT}(X''-X').$$

（3）令 $K'<K''$，且 $\alpha\in(0,1)$，则

$$C^E(\alpha K'+(1-\alpha)K'')\leqslant\alpha C^E(X')+(1-\alpha)C^E(X''),$$

$$P^E(\alpha K'+(1-\alpha)K'')\leqslant\alpha P^E(X')+(1-\alpha)P^E(X'').$$

即 $C^E(K)$ 和 $P^E(K)$ 是关于 K 的凸函数。

第二，当标的资产 S 变动，其他变量保持不变时，则有：

（1）如果 $S'<S''$，则

$$C^E(S')<C^E(S''),$$

$$P^E(S')>P^E(S'').$$

即欧式看涨期权随着标的资产价格的上升严格上升，欧式看跌期权随着标的资产价格的上升严格下降。

（2）如果 $S'<S''$，则

$$C^E(S'')-C^E(S')<(S''-S'),$$

$$P^E(S')-P^E(S'')<(S''-S').$$

（3）令 $S'<S''$，且 $\alpha\in(0,1)$，则

$$C^E(\alpha S'+(1-\alpha)S'')\leqslant\alpha C^E(S')+(1-\alpha)C^E(S''),$$

$$P^E(\alpha S'+(1-\alpha)S'')\leqslant\alpha P^E(S')+(1-\alpha)P^E(S'').$$

即 $C^E(S)$ 和 $P^E(S)$ 是关于 S 的凸函数。

第三，美式期权有与欧式期权相类似的性质。但其中有个难题就是美式期权没有看涨期权和看跌期权平价公式，并且需要考虑提前执行的可能。对于美式期权来说，当执行价变动，其他变量保持不变时，则有：

（1）如果 $K'<K''$，则

$$C^A(K')>C^A(K''),$$

$$P^A(K')<P^A(K'').$$

（2）如果 $K'<K''$，则

$$C^A(K')-C^A(K'')<(X''-X'),$$

$$P^A(K'')-P^A(K')<(X''-X').$$

（3）令 $K' < K''$，且 $\alpha \in (0, 1)$，则

$$C^A(\alpha K' + (1-\alpha)K'') \leqslant \alpha C^A(X') + (1-\alpha)C^A(X''),$$

$$P^A(\alpha K' + (1-\alpha)K'') \leqslant \alpha P^A(X') + (1-\alpha)P^A(X'').$$

即 $C^A(K)$ 和 $P^A(K)$ 是关于 K 的凸函数。

第四，当标的资产变动，其他变量保持不变时，则有：

（1）如果 $S' < S''$，则

$$C^A(S') < C^A(S''),$$

$$P^A(S') > P^A(S'').$$

（2）如果 $S' < S''$，则

$$C^A(S'') - C^A(S') < (S'' - S'),$$

$$P^A(S') - P^A(S'') < (S'' - S').$$

（3）令 $S' < S''$，且 $\alpha \in (0, 1)$，则

$$C^A(\alpha S' + (1-\alpha)S'') \leqslant \alpha C^A(S') + (1-\alpha)C^A(S''),$$

$$P^A(\alpha S' + (1-\alpha)S'') \leqslant \alpha P^A(S') + (1-\alpha)P^A(S'').$$

第五，当到期日 T 变动，其他变量保持不变时，如果 $T' < T''$，则有：

$$C^A(T') < C^A(T''),$$

$$P^A(T') > P^A(T'').$$

通常，在时刻 t，称一个执行价为 K 的看涨期权为：

实值期权（in the money），当且仅当 $S(t) > K$；

平值期权（at the money），当且仅当 $S(t) = K$；

虚值期权（out of the money），当且仅当 $S(t) < K$。

类似地，称一个执行价为 K 的看跌期权为：

实值期权（in the money），当且仅当 $S(t) < K$；

平值期权（at the money），当且仅当 $S(t) = K$；

虚值期权（out of the money），当且仅当 $S(t) > K$。

2.1.2　几类复杂衍生品概述

2.1.2.1　时间期权

时间期权是一个奇异期权，这种期权给予购买者在波动率达到一定水平时行

权。与所有的使用奇异期权进行交易从而规避风险的想法一样，时间期权的核心思想非常简单。在定价期权价值时需要使用隐含波动率，隐含波动率往往是给定的固定值，而到期日是浮动的。但是，时间期权能够在隐含波动率不是固定的情况下进行定价。使用其他期权进行交易的交易商面临的风险就是他们估计的波动率和实现波动率之间的差异，而对于使用时间期权交易的交易商来说，这种风险就被大大降低了。

时间期权的核心思想是由 Avi Bick 在 1995 年 4 月发表在《管理科学》的一篇论文中被首次提出的。这篇文章包含的思想及相关的公式从此被大量引用。2007年，Société Générale 公司和投资银行开始实践这个理论，从此，大多数交易者从事交易这种期权。假设利率为 0，Carr 和 Lee（2010）研究了在连续鞅测度下定价和期权的对冲。Bernard 和 Cui（2011）提出了一个有效的数值方法来定价时间期权。

在期权定价中，隐含波动率往往高于实现波动率，因此，时间期权中隐含的对实现波动率的设置使时间期权能够避免风险溢价，从而避免此类损失，降低了期权的风险，提高了期权的价值。当然，也可以将此作为时间期权的一个额外的报酬。

在具体的金融市场上，对于如何确定期权的行权点，时间期权有着更好的把握性。当金融市场上的风险增大，波动率增加时，时间期权能够提前行权，使投资者在较短的时间内获得一定收益；当金融市场上的风险没有扩大，波动率没有增加时，时间期权则需要更长的时间来达到行权条件。换言之，时间成为一个可以使用的资产。

然而对时间期权的分析和定价方面，相关的文献较少，对其分析也不足。本书通过对时间期权在两个随机波动率模型（Hull-White 波动率模型和 Heston 波动率模型）下的定价来分析时间期权的价值。

2.1.2.2 非线性收益衍生品

衍生品的收益相比其标的资产的收益来说可多也可少。总的来说，衍生品分为两类：一类归于远期契约型，另一类归于期权型。期权类的衍生品一般都是非线性收益，这类衍生品定价困难，且不易管理。根据收益是否为线性，可将衍生品分为线性收益衍生品和非线性收益衍生品。收益是非线性的衍生品即非线性收益衍生品，包括期权或者有期权特征的金融产品。远期、远期契约和互换都是线性收益衍生品。其他大部分衍生品都是非线性收益衍生品。表2-1列出了一些标准的衍生品①。

表2-1　一些标准的衍生品

Asian Option（亚式期权）	Non-linear（非线性收益）	Exotic（奇异期权）
Barrier Option（障碍期权）	Non-linear（非线性收益）	Exotic（奇异期权）
Basket Option（一篮子期权）	Non-linear（非线性收益）	Exotic（奇异期权）
Binary Option（两值期权）	Non-linear（非线性收益）	Exotic（奇异期权）
Call（看涨期权）	Non-linear（非线性收益）	Vanilla（标准期权）
Cap（上限）	Non-linear（非线性收益）	Vanilla（标准期权）
Chooser Option（选择期权）	Non-linear（非线性收益）	Exotic（奇异期权）
Compound Option（复合期权）	Non-linear（非线性收益）	Exotic（奇异期权）
Contingent Premium Option（或有权利金期权）	Non-linear（非线性收益）	Exotic（奇异期权）
Credit Derivative（信用衍生工具）	Non-linear（非线性收益）	Exotic（奇异期权）
Floor（下限）	Non-linear（非线性收益）	Vanilla（标准期权）
Forward（远期）	Linear（线性收益）	Vanilla（标准期权）
Future（期货）	Linear（线性收益）	Vanilla（标准期权）
Lookback Option（回望期权）	Non-linear（非线性收益）	Exotic（奇异期权）
Put（看跌期权）	Non-linear（非线性收益）	Vanilla（标准期权）
Quanto（汇率期权）	Non-linear（非线性收益）	Exotic（奇异期权）
Rainbow Option（彩虹期权）	Non-linear（非线性收益）	Exotic（奇异期权）
Ratchet Option（棘轮期权）	Non-linear（非线性收益）	Exotic（奇异期权）
Swap（互换）	Linear（线性收益）	Vanilla（标准期权）
Swaption（互换期权）	Non-linear（非线性收益）	Vanilla（标准期权）

　　本书研究的非线性衍生品定价使用静态复制的思想，使用的例子是方差互换和有期权特征的方差互换。由于实际金融市场往往是不完全的，在使用静态复制时需要考虑产品的不完善性，因此这里分析了在不完全市场上的非线性衍生品的定价。同时，针对实际金融市场跳跃的现象，分析了在交易对手模型下的非线性

①　资料来源：http://riskencyclopedia.com/articles/derivative_instrument/。

衍生品的定价。

2.1.2.3 Capped 期权

Capped 期权的特征是对持有者设定了一个潜在收益的最大限制。当标的资产价格达到某一值（触发设定条件）时，Capped 期权会自动执行。显然，当标的资产价格低于某一 cap 值时，看跌 Capped 期权会自动执行；当标的资产价格高于某一 cap 值时，看涨 Capped 期权会自动执行，从而锁定了期权持有者的最大可能收益。

对于投资者来说，Capped 期权的卖方（空头）在损失方面是受到一定程度的保护的，有一个固定的最大可能损失值，因此，看上去这个特征对 Capped 期权的买方（多头）来说是不利的。这类期权比较容易执行并且无须像投资者分析标准期权那样。基于 S&P100（标准普尔 100 指数）和 S&P500（标准普尔 500 指数）的 Capped 期权首次交易是在 1991 年的芝加哥期权交易市场上。

2.2 衍生品定价数学基础

2.2.1 布朗运动和随机过程

标的资产（如股票）的运动过程中是一个连续过程。连续过程需要符合三个基本条件：第一，标的资产的价值在其运动过程的任意时刻都可以改变，且随着时间的变化而变化（即使有可能值是一样的，但仍然认为是变化的）；第二，标的资产的实际取值可任意细分；第三，这个过程是没有任何跳跃的连续变化的过程。如果取值从 1 变为 1.5，那么它必定经历了这中间所有的数，尽管很快（Martin and Andrew，2006）。

早在 1900 年，Bachelier 就分析了巴黎股票交易的运动。经过数年的研究学习，其把股票价格运动作为一个特殊的连续过程，类似花粉的运动，这个运动被称为布朗运动（Brown 运动），定义如下：

一个过程 $W=(W_t: t \geq 0)$ 是 P-Brown 运动当且仅当

（1）W_t 是连续的，并且 $W_0 = 0$。

（2）在测度 P 下，W_t 的分布服从正态分布 $N(0, t)$。

（3）在测度 P 下，增量 $W_{s+t} - W_s$ 服从正态分布 $N(0, t)$，并且独立于 $\mathcal{F}_s$，其中 $\mathcal{F}_s$ 为知道时刻 s 为止整个过程的历史行为。

上述条件是过程 W 为 Brown 运动的充分必要条件。使用这种随机的过程来刻画股票价格运动，能有效刻画其随机部分，然而股票本身作为一种资产，在金融市场中是有通货膨胀效应的。因此，在刻画股票资产的过程中往往加入漂移项来弥补股票在长期趋势上向上的通货膨胀效应。例如，

$$S_t = W_t + \mu t$$

就称为带漂移项的 Brown 运动，其中，μ 为漂移项，它代表某种固定的增长，一般与无风险利率相关。

如果看起来干扰太大或者干扰不够，可以加入一个因子来改变 Brown 运动的尺度，例如，

$$S_t = \sigma W_t + \mu t.$$

其中，σ 一般为常数，称为干扰因子。

然而，直接使用 Brown 运动来描绘股票市场是有很大风险的。不妨考虑对这个过程取指数：

$$X_t = e^{\sigma W_t + \mu t}.$$

现在可以反映出股市长期的指数增长（在适当的测度下，从无扰动变动到扰动越来越大）。找到恰当的 σ 值（一般称为波动率）和 μ 值，就能很好地模拟股票的运动。这个过程就是有名的带漂移的指数 Brown 运动，又称带漂移的几何布朗运动。

一个随机过程 X 是含有基于 dt 的牛顿项和一个 Brown 项。Brown 项是基于 W 的无穷小增量，一般称为 dW_t。X_t 的无穷小增量为

$$\mathrm{d}X_t = \mu_t \mathrm{d}t + \sigma_t \mathrm{d}W_t.$$

其中，σ_t 为噪声因子。

噪声因子 σ_t 和漂移项 μ_t 可以依赖时间 t，或者是随机的（中间一般包括利率过程），依赖直到时刻 t 为止 X（或实际是 W）自身的取值。称 σ_t 为过程 X 在时刻 t 的波动率，μ_t 为过程 X 在时刻 t 的漂移。

随机过程的定义并不是普适的。它不包括不连续的情况，如泊松（Possion）过程。

一个技术上的条件是 σ 和 μ 必须为关于 $\mathcal{F}$ 可料的过程。关于 Brown 运动 W 的过滤 $\mathcal{F}$ 适应的过程是指在 t 时刻的取值依赖着过去的历史 $\mathcal{F}_t$，而不依赖将来的过程，比如像 X 和 σ 这样的过程。这意味着它们关于过滤 $\mathcal{F}$ 是可适应的，它们可以有一些不连续的跳。就随机分析而言，是把随机过程定义为半鞅，其漂移项绝对连续。这一类随机过程在后面用到的所有算子下都是闭的，并且要考虑的所有模型都在其中。

下面给出随机过程的定义：

称一个随机过程 X 是一个连续过程 $(X_t: t \geqslant 0)$，如果 X_t 可以表示为

$$X_t = X_0 + \int_0^t \mu_s \mathrm{d}s + \int_0^t \sigma_s \mathrm{d}W_s.$$

其中，σ 和 μ 均为随机的、关于 $\mathcal{F}$ 可料的过程，并使

$$\int_0^t (\sigma_s^2 + |\mu_s|)\mathrm{d}s,$$

对任意时刻 t（以概率 1）都有限，这个等式的微分形式可以表示为

$$\mathrm{d}X_t = \mu_t \mathrm{d}t + \sigma_t \mathrm{d}W_t,$$

当 σ 和 μ 对 W 的依赖仅是通过对 X_t 的依赖而体现时，例如

$$\sigma_t = \sigma(X_t, t),$$

其中，$\sigma(x, t)$ 为某个确定的函数，此时称方程

$$\mathrm{d}X_t = \mu(X_t, t)\mathrm{d}t + \sigma(X_t, t)\mathrm{d}W_t$$

为 X 的随机微分方程（Stochastic Differential Equation，SDE）。一般情况下，写出给定过程 X 的随机微分方程（如果存在的话）要比给出随机微分方程的一个显示解更容易些。

在简单情况下 σ 和 μ 均为常数时，意味着 X 有常量的波动率和漂移，X 的随机微分方程为

$$\mathrm{d}X_t = \mu \mathrm{d}t + \sigma \mathrm{d}W_t,$$

则其解为

$$X_t = \mu t + \sigma W_t.$$

假定 $X_0 = 0$。当考虑稍微复杂的随机微分方程

$$\mathrm{d}X_t = X_t(\mu\mathrm{d}t + \sigma\mathrm{d}W_t),$$

则需要使用其他工具。下面通过伊藤(Ito)引理来求上面的随机微分方程。

2.2.2　伊藤引理

直观上的积分是不够的，需要运用工具来处理微分方程，就如同牛顿微积分学中有链式法则、成绩法则及分步积分法等。

那么再通过牛顿微积分来看一下，现假定存在一个关于 Brown 运动的函数 f，设

$$f(W_t) = W_t^2,$$

可否用简单的链式法则来求得随机微分 $\mathrm{d}f_t$?

在牛顿法则下

$$\mathrm{d}(W_t^2) = 2W_t\mathrm{d}W_t,$$

只能通过积分来检验。因为如果

$$\int_0^t \mathrm{d}(W_s^2) = 2\int_0^t W_s\mathrm{d}W_s,$$

那么

$$W_t^2 = 2\int_0^t W_s\mathrm{d}W_s.$$

下面来处理 $\int_0^t W_s\mathrm{d}W_s$ 对某个 n 将区间 $[0, t]$ 做一个分割

$$\left\{0, \frac{t}{n}, \frac{2t}{n}, \cdots, \frac{(n-1)t}{n}, t\right\},$$

然后在此分割上求和从而求得近似积分，即

$$2\int_0^t W_s\mathrm{d}W_s \approx 2\sum_{i=0}^{n-1} W\left(\frac{it}{n}\right)\left(W\left(\frac{(i+1)t}{n}\right) - W\left(\frac{it}{n}\right)\right),$$

括号内的差其实就是 Brown 运动从一个特定的分割点运动到下个分割点的增量。由 Brown 运动的性质可知，此增量是独立的，它与以往的 Brown 运动不相关，特别是独立于运动项 $W\left(\frac{it}{n}\right)$。另外，此增量的期望为 0，意味着此增量与 $W\left(\frac{it}{n}\right)$ 对成绩的期望也为 0。因此对 0 期望项求和，其和本身也具有 0 期望的性质。

但由 Brown 运动方差的结构可知 W_t^2 的期望为 t，且 $2W_t dW_t$ 不是 W_t^2 的微分，因为积分后不能得到正确的期望。问题的症结在哪里？对于一个光滑函数 f，考虑到 $f(W_t)$ 的泰勒展开式：

$$df(W_t) = f'(W_t)dW_t + \frac{f''(W_t)(dW_t)^2}{2} + \frac{1}{3!}f'''(W_t)(dW_t)^3 + \cdots,$$

由于太熟悉牛顿微分，我们总假定 $(dW_t)^2$ 和高阶项都为 0。但是正如前面观察到的，布朗运动是奇特的，我们还用刚才使用的 $[0, t]$ 的分割

$$\left\{ 0, \frac{t}{n}, \frac{2t}{n}, \cdots, \frac{(n-1)t}{n}, t \right\}$$

来考虑 $(dW_t)^2$，同时用

$$2\int_0^t (dW_t)^2 = \sum_{i=1}^n \left(W\left(\frac{it}{n}\right) - W\left(\frac{t(i-1)}{n}\right) \right)^2,$$

近似值(我们希望它收敛)来刻画 $(dW_t)^2$ 的积分。但是，如果令 $Z_{n,i}$ 为

$$Z_{n,i} = \frac{W\left(\frac{it}{n}\right) - W\left(\frac{t(i-1)}{n}\right)}{\sqrt{t/n}},$$

那么对于每个 n，序列 $Z_{n,1}, Z_{n,2}, \cdots, Z_{n,n}$ 为一组独立同分布的正态分布

$$N\left(0, \frac{t}{n}\right)$$

将独立于以前的那些增量。

现在将

$$\int_0^t (dW_t)^2 \approx t \sum_{i=1}^n \frac{Z_{n,i}^2}{n}$$

由弱大数定律(和强大数定律一样，此处只考虑随机变量的分布)可知，右边的求和项的分布最终收敛到每个 $Z_{n,i}^2$ 的常数期望 1，即

$$\int_0^t (dW_t)^2 = t.$$

尽管 $(dW_t)^2$ 是二阶的形式，但不能忽略此项，那么 $(dW_t)^2$ 和其他更高项又会变成什么样呢？结果显示它们都为 0。

所以，泰勒展开式最终变为

$$df(W_t) = f'(W_t)dW_t + \frac{f''(W_t)(dW_t)^2}{2} + 0,$$

它与我们看到的牛顿微分在形式上有很大的差别，这正是我们所要求的 Ito 引理（又称 Ito 公式）。

若 X 为一随机过程，满足

$$dX_t = \mu_t dt + \sigma_t dW_t,$$

f 为一确定的连续二次可微函数，那么，$Y_t := f(X_t)$ 也为一随机过程，由

$$dY_t = (\sigma_t f'(X_t))dW_t + (\mu_t f'(X_t) + \frac{1}{2}\sigma_t^2 f''(X_t))dt$$

给定。若设

$$V_t = V(S_t,\ t),$$

V 为二元可微函数，若随机过程 S_t 服从随机过程

$$dS_t = \mu(S_t,\ t)dt + \sigma(S_t,\ t)dW_t,$$

则

$$dV_t = \left(\frac{\partial V}{\partial t} + \frac{1}{2}\sigma^2(S_t,\ t)\frac{\partial^2 V}{\partial S^2}\right)dt + \frac{\partial V}{\partial S}dS$$

$$= \left(\frac{\partial V}{\partial t} + \mu(S_t,\ t)\frac{\partial V}{\partial S} + \frac{1}{2}\sigma^2(S_t,\ t)\frac{\partial^2 V}{\partial S^2}\right)dt + \sigma(S_t,\ t)\frac{\partial V}{\partial S}dW_t. \qquad (2.2.1)$$

2.2.3 Black-Scholes 方程、风险中性定价方法及期权平价公式

2.2.3.1 Black-Scholes 方程

如前文所述，Black-Scholes 方程给出了欧式期权的解析解。B-S 模型即 1973 年由 Fischer Black 和 Myron Scholes 建立的模型。在该模型下，欧式期权的标的资产服从几何 Brown 运动，并且具有较严格的假设。假设如下：

（1）标的资产股票价格 S 服从对数正态分布（服从几何布朗运动）：

$$dS_t = \mu S_t dt + \sigma S_t dW_t, \qquad (2.2.2)$$

平均收益 μ（又称漂移项）和平均波动率 σ 为常数。

（2）允许使用全部所得卖空衍生证券，即能够借入一定的证券卖出去，并在未来的某个时点买入以平仓。

（3）没有交易费或税收，即买卖除了标的资产的价格没有其他的成本，并且所有证券都是高度可分的，即可能因为计算存在分数的可能（然而在中国的股市中，最低一手为 100 股）。

（4）到期日之前的有效衍生品标的证券没有红利支付，即在到期日之前不存在额外收入。

（5）无风险套利机会不存在（或者假设某一时刻即将发生，立刻就被交易者识别并且进行交易，造成没有任何套利空间，这个过程非常短暂），这个假设一般存在于所有的模型中，因为在存在套利的情况下，很多公式将不成立。

（6）证券交易是连续的。

（7）无风险利率 r 为常数，且对于不同的资产或者不同的到期日都是相同的，短期利率和长期利率保持一致。

在服从上述假设的条件下，我们考虑投资组合

$$\Pi = V - \Delta S,$$

其中，Δ 为标的资产的投资份额，V 为期权价格。在此，需要选择合适的份额 Δ 使该投资组合无风险。

设在 t 时刻形成投资组合 Π，并在时间段 $\mathrm{d}t$ 内不改变该组合内的投资份额，那么由于该组合是无风险的，因此，在 $\mathrm{d}t$ 时刻，该组合的投资回报为

$$\frac{\Pi_{t+\mathrm{d}t} - \Pi_t}{\Pi_t} = r\mathrm{d}t,$$

即

$$\mathrm{d}V_t - \Delta \mathrm{d}S_t = r\Pi_t \mathrm{d}t = r(V_t - \Delta S_t)\mathrm{d}t, \tag{2.2.3}$$

由于

$$V_t = V(S_t, \ t),$$

且 S_t 服从几何布朗运动，式（2.2.2）微分方程确定了其服从的随机过程，根据 Ito 公式，得到

$$\mathrm{d}V_t = \left(\frac{\partial V}{\partial t} + \frac{1}{2}\sigma^2 S^2 \frac{\partial^2 V}{\partial S^2} + \mu S \frac{\partial V}{\partial S} \right)\mathrm{d}t + \sigma S \frac{\partial V}{\partial S}\mathrm{d}W_t,$$

将上式代入式（2.2.3），得到

$$\left(\frac{\partial V}{\partial t} + \frac{1}{2}\sigma^2 S^2 \frac{\partial^2 V}{\partial S^2} + \mu S \frac{\partial V}{\partial S} - \Delta \mu S \right)\mathrm{d}t + \left(\sigma S \frac{\partial V}{\partial S} - \Delta \sigma S \right)\mathrm{d}W_t = r(V - \Delta S)\mathrm{d}t. \tag{2.2.4}$$

由于式(2.2.4)右边是无风险的，式(2.2.4)左边的随机项 $\mathrm{d}W_t$ 的系数必定为 0，则选取

$$\Delta = \frac{\partial V}{\partial S},$$

代入式(2.2.4)，并消去 $\mathrm{d}t$，得到

$$\frac{\partial V}{\partial t} + \frac{1}{2}\sigma^2 S^2 \frac{\partial^2 V}{\partial S^2} + rS\frac{\partial V}{\partial S} - rV = 0.$$

该方程就是著名的 Black-Scholes 微分方程。

在实际计算中，需将期权的边界条件考虑进来，欧式看涨期权的边界条件为（行权日 T，执行价位 K）

$$C_T = \max(S_T - K, 0).$$

欧式看跌期权的边界条件为（行权日 T，执行价位 K）

$$P_T = \max(K - S_T, 0).$$

对于欧式期权而言，可以求得 Black-Scholes 微分方程的解析解。可先求出欧式看跌期权的解析解，然后通过欧式期权平价公式来求出欧式看涨期权的解析解。对于美式期权而言，只能通过数值算法得到 Black-Scholes 微分方程的数值解，基础的数值算法包括二叉树算法和 LSM。

2.2.3.2　风险中性定价方法

风险中性理论(Risk Neutral Pricing Theory)又称风险中性定价方法，即在无套利情况下，无论投资者是风险偏好还是风险规避，金融衍生品的价格都与投资者的风险态度无关。这个理论表明衍生证券定价的微分方程中不包含受投资者风险态度的变量(风险偏好的变量或者是风险规避的变量)。

以欧式期权定价为例。使用 2.2.1 节中的连续过程，在连续模型中股票的价格为

$$S(t) = S(0)\mathrm{e}^{mt + \sigma W(t)}.$$

其中，$W(t)$ 为标准布朗运动，且股价仍然服从式(2.2.3)，即几何布朗运动。欧式期权的到期日为 T，欧式是 $f(S(T))$。在离散情况下，零时刻的价格 $D(0)$ 等同于 T 时刻的贴现值 $\mathrm{e}^{-rT}f(S(T))$，即

$$D(0) = E_*(\mathrm{e}^{-rT}f(S(T))).$$

在风险中性测度 P_* 下，使股价的贴现值 $\mathrm{e}^{-rT}S(t)$ 是一个鞅过程。那什么是风险中性测度？一个必要的条件是股价的贴现值的期望是一个常数。

让我们看看在市场真实测度 P 下的期望。由于 W_t 是一个正态分布，均值为 0，方差为 t，它的密度函数为

$$\frac{1}{\sqrt{2\pi t}}\mathrm{e}^{-\frac{x^2}{2t}}$$

在测度 P 下。因此，

$$
\begin{aligned}
E(\mathrm{e}^{-rt}S(t)) &= S(0)E(\mathrm{e}^{\sigma W(t)+(m-r)t})\\
&= S(0)\int_{-\infty}^{\infty}\mathrm{e}^{\sigma x+(m-r)t}\frac{1}{\sqrt{2\pi t}}\mathrm{e}^{-\frac{x^2}{2t}}\mathrm{d}x\\
&= S(0)\mathrm{e}^{\left(m-r+\frac{1}{2}\sigma^2\right)t}\int_{-\infty}^{\infty}\frac{1}{\sqrt{2\pi t}}\mathrm{e}^{-\frac{(x-\sigma t)^2}{2t}}\mathrm{d}x\\
&= S(0)\mathrm{e}^{\left(m-r+\frac{1}{2}\sigma^2\right)t}\int_{-\infty}^{\infty}\frac{1}{\sqrt{2\pi t}}\mathrm{e}^{-\frac{y^2}{2t}}\mathrm{d}y\\
&= S(0)\mathrm{e}^{\left(m-r+\frac{1}{2}\sigma^2\right)t}.
\end{aligned}
$$

如果

$$m+\frac{1}{2}\sigma^2 \neq r,$$

则期望

$$E(\mathrm{e}^{-rt}S(t)) = S(0)\mathrm{e}^{\left(m-r+\frac{1}{2}\sigma^2\right)t},$$

很显然依赖于 t，因此，$S(t)$ 在测度 P 下不是一个鞅。

因此，上述计算需要测度变换，将测度 P 改为测度 P_* 以使 $E_*(\mathrm{e}^{-rt}S(t))$ 独立于 t，需要消除因子 $\mathrm{e}^{\left(m-r+\frac{1}{2}\sigma^2\right)t}$ 才能得到。因此，只有将

$$V(t) = W(t)+\left(m-r+\frac{1}{2}\sigma^2\right)t/\sigma,$$

即测度 P_* 代替测度 P，从而 $V(t)$ 在测度 P_* 下成为一个 Brown 运动。显然，$V(t)$ 在测度 P_* 下的密度函数为

$$\frac{1}{\sqrt{2\pi t}}\mathrm{e}^{-\frac{x^2}{2t}},$$

且均值为 0，方差为 t，则

$$E_*(\mathrm{e}^{-rt}S(t)) = S(0)E_*(\mathrm{e}^{\sigma W(t)+(m-r)t})$$

$$= S(0)E_*(\mathrm{e}^{\sigma V(t)-\frac{1}{2}\sigma^2 t})$$

$$= S(0)\int_{-\infty}^{\infty}\mathrm{e}^{\sigma x-\frac{1}{2}\sigma^2 t}\frac{1}{\sqrt{2\pi t}}\mathrm{e}^{-\frac{x^2}{2t}}\mathrm{d}x$$

$$= S(0)\int_{-\infty}^{\infty}\frac{1}{\sqrt{2\pi t}}\mathrm{e}^{-\frac{(x-\sigma t)^2}{2t}}\mathrm{d}x$$

$$= S(0)\int_{-\infty}^{\infty}\frac{1}{\sqrt{2\pi t}}\mathrm{e}^{-\frac{y^2}{2t}}\mathrm{d}y$$

$$= S(0),$$

即

$$E_*(\mathrm{e}^{-rt}S(t)) = S(0)$$

不依赖时间 t 是使贴现值过程 $\mathrm{e}^{-rt}S(t)$ 在测度 P_* 下是鞅的必要条件。为了表明 $\mathrm{e}^{-rt}S(t)$ 在测度 P_* 下是鞅，需要加强一个更强的条件

$$E_*(\mathrm{e}^{-rt}S(t)\mid S(u)) = \mathrm{e}^{-ru}S(u),$$

对于任意的 $t \geq u \geq 0$。

据此，我们设定了一个风险中性测度 P_*。现在假设欧式看涨期权的执行价为 X，到期日为 T。欧式期权的价值为

$$C^E(0) = E_*(\mathrm{e}^{-rT}(S(T)-X)^+).$$

计算这个期望。因为当 $t \geq 0$ 时，

$$V(t) = W(t) + \left(m-r+\frac{1}{2}\sigma^2\right)t/\sigma$$

是在测度 P_* 下的布朗运动，而随机变量

$$V(T) = W(T) + \left(m-r+\frac{1}{2}\sigma^2\right)T/\sigma$$

是一个均值为 0，方差为 T 的正态分布，密度函数为

$$\frac{1}{\sqrt{2\pi t}}\mathrm{e}^{-\frac{x^2}{2T}},$$

因此

$$C^E(0) = E_*(\mathrm{e}^{-rT}(S(T) - X)^+)$$

$$= E_*((S(0)\mathrm{e}^{\sigma V(t)-\frac{1}{2}\sigma^2 T} - X\mathrm{e}^{-rT})^+)$$

$$= \int_{-d_2\sqrt{T}}^{\infty}(S(0)\mathrm{e}^{\sigma x-\frac{1}{2}\sigma^2 T} - X\mathrm{e}^{-rT})\frac{1}{\sqrt{2\pi T}}\mathrm{e}^{-\frac{x^2}{2T}}\mathrm{d}x$$

$$= S(0)\int_{-d_1}^{\infty}\frac{1}{\sqrt{2\pi}}\mathrm{e}^{-\frac{y^2}{2}}\mathrm{d}y - X\mathrm{e}^{-rT}\int_{-d_2}^{\infty}\frac{1}{\sqrt{2\pi}}\mathrm{e}^{-\frac{y^2}{2}}\mathrm{d}y$$

$$= S(0)N(d_1) - X\mathrm{e}^{-rT}N(d_2),$$

其中

$$d_1 = \frac{\ln\dfrac{S(0)}{X} + \left(r+\dfrac{1}{2}\sigma^2\right)T}{\sigma\sqrt{T}},$$

$$d_2 = \frac{\ln\dfrac{S(0)}{X} + \left(r-\dfrac{1}{2}\sigma^2\right)T}{\sigma\sqrt{T}}.$$

并且

$$N(x) = \int_{-\infty}^{x}\frac{1}{\sqrt{2\pi}}\mathrm{e}^{-\frac{y^2}{2}}\mathrm{d}y$$

$$= \int_{-x}^{\infty}\frac{1}{\sqrt{2\pi}}\mathrm{e}^{-\frac{y^2}{2}}\mathrm{d}y$$

是一个正态分布累积函数。

2.2.3.3 欧式看涨期权和看跌期权平价公式

本节给出欧式看涨期权和欧式看跌期权之间的关系。考虑一个投资组合由卖出一个看跌期权和买入一个看涨期权组成，且看涨期权和看跌期权具有相同的执行价 X 和到期日 T。将看涨期权的多头收益和看跌期权的空头收益加在一起，可以得到一个远期契约，执行价为 X，到期日为 T。

很显然，如果

$$S(T) \geqslant X,$$

则看涨期权的收益为 $S(T)-X$，看跌期权的收益为 0。

如果

$$S(T) < X,$$

则看涨期权一文不值，看跌期权的空头需要支付

$$X - S(T).$$

简而言之，该组合的收益为

$$S(T) - X.$$

可见，该组合的收益与远期契约的收益相同。因此，这个组合的现值应该等于远期契约的现值，即

$$S(0) - Xe^{-rT},$$

这样就能得到欧式看涨期权和看跌期权的平价关系。

因此，基于没有分红的标的资产的欧式看涨期权和欧式看跌期权，当其执行价和到期日相同时，欧式看涨期权和看跌期权平价公式如下：

$$C^E - P^E = S(0) - Xe^{-rT}.$$

证明详见 Capinski 和 Zastawniak（2003）。

2.3 衍生品定价模型

定价复杂衍生品的模型与定价所有衍生品的模型一样，按照波动率是否随机，可分为常数波动率模型和随机波动率模型；按照利率是否随机，可分为常数利率模型和随机利率模型；按照是否有跳跃，可分为带跳的模型和不带跳的模型。上面三种分类是简单区分，实际模型可能有随机波动率、随机利率及带跳过程结合在一起的情况，模型因此会非常复杂，依靠模型推导则无法求出解析解，只能使用数值解。最常用的常数波动率模型就是对数正态扩散模型。随机波动率模型则多种多样，在本章中主要介绍 8 种较常用的模型。

2.3.1 常数波动率模型

常数波动率模型中最常用的就是对数正态模型，这个模型是最重要的模型。该模型假设标的资产服从对数正态分布（几何布朗运动），令 S 在风险中性下为对

数正态分布

$$\frac{\mathrm{d}S_t}{S_t} = r\mathrm{d}t + \sigma\mathrm{d}W_t,$$

其中，W_t 为 Brown 运动；若无风险利率 r 和波动率 σ 为常数，则该式为常数波动率模型。$\ln S$ 是正态分布，令初值为 S_0，到期日为 T。对两边同时积分，使用伊藤积分，可得

$$S_t = S_0 \mathrm{e}^{\left(r - \frac{1}{2}\sigma^2\right)t + \sigma W_t},$$

则该均值为

$$S_0 + \left(r - \frac{\sigma^2}{2}\right)T,$$

且方差为 $\sigma^2 T$［此处的 S_0 等同于上文的 $\log(S_0)$］。

2.3.2 随机波动率模型

本节简单介绍 8 个常用随机波动率模型的发展情况，分别是由 Talyor(1982) 提出的 SV 模型、Engle(1982) 提出的 ARCH 模型和 Bollerslev(1986) 扩展的 GARCH 模型、Hull 和 White(1987) 提出的 Hull-White 模型、服从 O-U 过程的随机波动率模型［包括 Scott(1987) 和 Stein-Stein(1991)］、Heston(1993) 提出的 Heston 模型、Chen(1996) 提出的三因子随机波动率模型——Chen 模型、Hagan 等(2002) 提出的 SABR 模型，以及波动率服从 Markov 链的模型。

为了方便起见，标的资产价格统一为 S，执行价 K，波动率为 σ，利率为 r，到期日为 T，$\mathrm{d}W$ 与 $\mathrm{d}Z$ 为 Brown 过程。

2.3.2.1 Hull-White 模型

Hull 和 White(1987) 提出了该随机波动率模型。假设 f 是衍生品价值，若为欧式看涨期权，则

$$f = \max(0,\ S-K),\quad V = \sigma^2,$$

模型为

$$\mathrm{d}S = \varphi S\mathrm{d}t + \sigma S\mathrm{d}W,$$

$$\mathrm{d}V = \mu V\mathrm{d}t + \varepsilon V\mathrm{d}Z.$$

其中，φ、μ、ε 均为常数。本书用 Monte Carlo 方法计算了当 $\mathrm{d}W$ 与 $\mathrm{d}Z$ 的相

关度 ρ 不为 0 时的比较。当资产价格与随机波动率的相关系数为 0 时，即不相关时，Black-Scholes 方程高估了平价期权并且低估了溢价和折价期权。当正相关时，溢价期权被低估，折价期权被高估；当负相关时，则相反。

2.3.2.2 Heston 模型

Heston 模型是在当前众多随机波动率模型中最受欢迎的模型之一，该模型假设标的资产价格服从几何布朗运动，但标的资产的波动率服从 CIR 模型。它由 Heston(1993)提出，并定价了欧式期权。与其他的随机波动率模型相比，Heston 模型在刻画股票价格上更接近金融市场实际情况。模型为

$$dS_t = \mu S_t dt + \sqrt{\sigma_t} S_t dW_t,$$

$$d\sigma_t = k(\theta - \sigma_t) dt + \gamma \sqrt{\sigma_t} dZ_t.$$

其中，dW_t 与 dZ_t 均为 Brown 运动，参数 k、θ、γ 均为常数。Ball 和 Roma(1994)比较了 Stein-Stein(1991)和 Heston(1993)模型，并且纠正了前者中的一些错误。

Lord 等(2010)用 Euler 离散模拟了 CEV-SV 模型，随机波动率服从 Heston 模型。模型为

$$dS(t) = \mu S(t) dt + \lambda \sqrt{V(t)} S(t)^{\beta} dW_s(t),$$

$$dV(t) = -\kappa(V(t) - \theta) dt + \omega V(t)^{\alpha} dW_v(t).$$

Zhu 和 Lian(2011)使用了波动率服从 Heston 模型，即

$$dS(t) = \mu S(t) dt + \sqrt{V(t)} S(t) dW_s(t),$$

$$dV(t) = -\kappa(V(t) - \theta) dt + \sigma_V \sqrt{V(t)} dW_v(t).$$

2.3.2.3 其他波动率模型

1982 年，Taylor 提出了随机波动率模型(SV 模型)，随着研究的进一步深入，SV 模型被扩展为厚尾 SV 模型、非对称 SV 模型、多元 SV 模型、长记忆 SV 模型、连续时间 SV 模型等形式。Talyor(1994)分析比较了 SV 模型和 ARCH(1, 0)模型，得到两种模型在定价期权时都有效的结论。SV 模型作为金融实证中的重要模型，通过对金融市场的实际数据进行模拟得出，考虑了金融市场数据中方差方程中的噪声过程，该模型还假定噪声独立于收益，更具有灵活性。SV 模型是一种非常符合金融理论的模型，运用该模型无论是研究领域还是市场监测、预

测，都具有广阔发展空间。

经济学家恩格尔（Engle）提出的 ARCH 模型（又称自回归条件异方差模型）是一类描述波动率过程的模型，该模型主要分析金融市场中资产价格的波动性。在模型的参数设置上，主要由基础金融市场上的资产价格的实际数据来模拟资产价格变动，得到实际参数，并且根据市场的不断变化，基于实时的资产价格数据来修正模型参数，以更好地达到模型效果。通过与 Black-Scholes 模型相结合，加入服从 ARCH 模型的随机波动率过程，能够改进 Black-Scholes 定价中波动率为常数的特点。ARCH 模型是一种很好的定量分析随机波动率的方法，能根据实时的金融市场价格数据估计和修正波动率，是当前金融市场上分析资产价格波动率最流行的方法之一。Kallsen 和 Taqqu（1998）研究了 ARCH 模型下的期权定价，进一步分析了 GARCH（1，1）-M 模型，最后用 Mentor Carlo 方法和 Duan（1995）进行了一些比较分析，得出了该模型有效性的结论。

ARCH 模型后经 Bollerslev（1986）扩展到 GARCH 模型，又称广义 ARCH 模型，方差表达式系数分别为 p 阶、q 阶滞后多项式，一般表述为 GARCH（p，q）。大量的文献在分析股市时都会用到该模型，并且得出了在大多数情况下，简洁的 GARCH（1，1）模型、GARCH（1，2）模型、GARCH（2，1）模型能够充分反映较长时间段或者长时间段的股市中数据的波动性特征。在 GARCH 模型下，Ritchken 和 Trevor（1999）建立了多维叉树算法，通过树图形式（多叉树图），可有效解决 GARCH 模型下标的资产和随机波动率之间相关联的问题，减少叉数算法在随机波动率模型的算法代价，从而实现快速定价在随机波动率模型 GARCH 模型下欧式期权与美式期权的目标。Duan 和 Simonato（2001）则提出了基于马尔可夫链矩阵的算法，使欧式期权和美式期权在随机波动率模型 GARCH 模型下皆可被定价。Stentoft（2005）使用新的模拟方法计算了波动率服从 GARCH 分布的美式期权的定价。Stentoft（2008）研究了美式期权的波动率服从时间序列的 GARCH 模型。Ben-Ameur 等（2009）使用动态的编程程序计算了在离散时间下 GARCH 模型的期权定价。

服从 O-U 过程随机波动率模型（BNS 模型）是 1987 年由 Scott 提出的，Scott（1987）研究了以下模型，其中波动率服从 O-U 过程又称均值回归现象：

$$\mathrm{d}P = \alpha P \mathrm{d}t + \sigma P \mathrm{d}z_1,$$

$$\mathrm{d}\sigma = \beta(\overline{\sigma} - \sigma)\,\mathrm{d}t + \gamma\,\mathrm{d}z_2.$$

其中，P 为标的资产价格；$\overline{\sigma}$、β、γ、α 均为常数，依据具体模型参数的估算进行设定；$\mathrm{d}z_1$ 与 $\mathrm{d}z_2$ 均为 Brown 运动。之后，Stein 和 Stein（1991）使用了 O-U 模型，并对该模型进行了稍微调整，模型如下：

$$\mathrm{d}P = \mu P\mathrm{d}t + \sigma P\mathrm{d}z_1,$$

$$\mathrm{d}\sigma = -\delta(\sigma - \theta)\,\mathrm{d}t + k\mathrm{d}z_2.$$

其中，P 为标的资产价格；μ、δ、θ、k 均为常数，依据具体模型参数的估算进行设定；$\mathrm{d}z_1$ 与 $\mathrm{d}z_2$ 均为 Brown 运动。紧接着，Schobel 和 Zhu（1998）扩展了 O-U 模型：

$$\mathrm{d}x(t) = \left(r - \frac{1}{2}v^2(t)\right)\mathrm{d}t + v(t)\,\mathrm{d}w_s(t),$$

$$\mathrm{d}v(t) = \kappa(\theta - v(t))\,\mathrm{d}t + \sigma\mathrm{d}w_v(t).$$

其中，x 为标的资产价格；v 为随机波动率；r、κ、θ、σ 均为常数，依据具体模型参数的估算进行设定；$\mathrm{d}w_s$ 与 $\mathrm{d}w_v$ 为 Brown 运动。并且 Haastrecht 等（2008）继续扩展了上述模型，同时加入了随机利率：

$$\mathrm{d}x(t) = x(t)r(t)\mathrm{d}t + x(t)v(t)\mathrm{d}W_x(t), \quad x(0) = x_0,$$

$$\mathrm{d}r(t) = (\theta(t) - ar(t))\,\mathrm{d}t + \sigma\mathrm{d}W_r(t), \quad r(0) = r_0,$$

$$\mathrm{d}v(t) = \kappa(\psi - v(t))\,\mathrm{d}t + \tau\mathrm{d}W_v(t), \quad v(0) = v_0.$$

其中，x 为标的资产价格，v 为随机波动率，r 为随机利率，其他参数均为常数，$\mathrm{d}W_x$、$\mathrm{d}W_r$ 及 $\mathrm{d}W_v$ 均为 Brown 运动。

Chen 模型由 Chen（1996）提出，模型如下：

$$\mathrm{d}r_t = (\theta_t - \alpha_t)\,\mathrm{d}t + \sqrt{r_t}\,\sigma_t\mathrm{d}W_t,$$

$$\mathrm{d}\alpha_t = (\zeta_t - \alpha_t)\,\mathrm{d}t + \sqrt{\alpha_t}\,\sigma_t\mathrm{d}W_t,$$

$$\mathrm{d}\sigma_t = (\beta_t - \sigma_t)\,\mathrm{d}t + \sqrt{\sigma_t}\,\eta_t\mathrm{d}W_t.$$

其中，σ 为随机波动率，r 为随机利率，α 为相关联的另一个随机参数。这就是较复杂的三因子随机波动率模型。该模型与 Vasicek 模型并称为主要的利率期限结构模型。Andersen（2004）等继续研究了该模型。

SABR 模型由 Hagan 等（2002）提出，试图解决衍生品市场中的波动率微笑问题。模型如下：

$$dS_t = \sigma_t S_t^\beta dW_t,$$

$$d\sigma_t = \alpha \sigma_t dZ_t.$$

其中，W_t 与 Z_t 相关度为 $\rho(-1<\rho<1)$，$0 \leq \beta \leq 1$，$\alpha \geq 0$。Hagan 等将模型应用于欧式期权和 USD 利率期权，并且验证了 SABR 模型能够很好地解决波动率微笑问题。Glasserman 和 Wu（2010）使用 SABR 模型，得出了过去的波动率包含预测未来波动率的信息等。

波动率服从马尔可夫链的随机波动率模型，是 Guo（1998）在 B-S 模型的基础上，设标的资产价格服从对数正态过程：

$$dS = rSdt + \sigma(t)SdW_t,$$

波动率 $\{\sigma(t), t \geq 0\}$ 是一个具有无后效性[①]的随机过程，通过股票收益价格的历史数据，可以获得波动率的 k 个状态，即 Markov 链的 k 个状态 $\sigma_i(i = 1, 2, \cdots, k)$。记为

$$P(\Delta t) = \{P_{m,n}(\Delta t)\}$$

$$= \begin{bmatrix} P_{11}(\Delta t) & \cdots & P_{1k}(\Delta t) \\ \vdots & \ddots & \vdots \\ P_{k1}(\Delta t) & \cdots & P_{kk}(\Delta t) \end{bmatrix}$$

其中，

$$P_{m,n}(\Delta t) = Prob\{\sigma(t+\Delta t) = \sigma_n \mid \sigma(t) = \sigma_m\} \geq 0,$$

表示在 Δt 时间里，波动率由 σ_m 变为 σ_n 的条件概率。

2.3.3 交易对手模型

当前全球范围内的金融不稳定性继续加剧，金融危机中交易对手间信用违约相关性对全球金融体系的破坏力造成的影响仍然在延续。违约现象的发生必不可免，这是市场上优胜劣汰的必然结果。然而在风险投资过程中，由于存在信用交易，并且随着经济的进一步发展和交叉，众多信用交易者彼此之间存在较多的相

---

① 无后效性：在某一阶段的某一状态一旦确定，则此后无论过程如何演变，后面的过程不再受此前各种状态及决策的影响，即未来与过去无关，当前的状态包含此前完整的历史信息，此前的历史信息只能通过当前的这个状态影响未来的过程演变。

关性(这些相关性是违约公司之间，或者纵向或者横向，如金融机构与其他企业之间，或者金融机构与其他金融机构之间)。由于这些相关性错综复杂，一旦出现某个信用违约，就会导致相关的其他信用违约发生，通过无数条利益相关联的交易链，逐步传导违约所带来的损失，有可能导致大量违约事件的出现，并逐渐扩散进而引发更加严重的金融危机。

金融市场上的信用违约互换提供商和交易者，包括保险公司或投资银行等，已经见证了逐渐增加的违约概率和频繁出现的违约事件，并且有继续扩大的可能性，同时产生不可小视的严重影响。然而，相关文献研究对金融衍生产品信用风险的关注程度远远不够。信用风险作为金融衍生品定价模型的重要因素很少被考虑，而随着市场信用风险所产生的影响进一步加大，需要将信用风险作为模型的一部分加以分析。Leung 和 Kwok(2005)研究了在交易对手风险模型下的 CDS 定价问题，但其没有考虑交易对手之间违约强度是随着时间的非线性变化函数，以及市场风险因素与违约强度之间是具有相关性的；Johnson 和 Stulz(1987)首次引进脆弱期权定义，在交易对手风险模型下的期权可以称为脆弱期权。

在上述文献的基础上，本书引入交易对手风险模型定价非线性收益衍生品，在数值算例的参数上设置了非常极端的情况，以分析当金融市场突然发生大幅度跳水情况时，资产价值的变化及静态复制算法的稳健性和适用性。

2.3.4 随机利率模型

随机利率模型是指在模型中，与标的资产相关的利率并不是一个常数。经典的 Black-Scholes 模型的一个重要假设条件就是在期权有效期内无风险利率是一个常数。然而在实际金融市场中，利率 r 不是一个常数(即使是固定存款利率，也分为长期和短期)，因而在对金融衍生品定价中需要考虑利率的随机性。Merton(1973)给出了在随机利率的假设下的零息票债券①的定价公式。Kung 和 Lee(2009)在随机利率模型下得到了欧式期权的定价公式。本书定价时间期权的随机利率模型为 Vasicek 随机利率模型。

---

① 零息票债券是一种不支付利息的债券，在到期日按照面值支付给债券持有人，它的价值仅依赖时间及利率的变化。

Vasicek 随机利率模型是一种随机利率模型，该模型设定短期利率的漂移依赖利率的当前值。该模型设定如下：

在测度Q 下的短期利率为

$$\mathrm{d}r_t = \sigma \mathrm{d}W_t + (\theta - \alpha r_t)\mathrm{d}t,$$

其中，α、θ 和 σ 均为常数。

上述 SDE 由 Brown 运动的一部分及服从均值回归过程的漂移部分组成。该漂移使当利率低于 θ/α 时就向上运动，当高于 θ/α 时就向下运动。漂移的大小与利率偏移平均值的距离成正比。一般称这样的过程为 Ornstein-Uhlenbeck 过程或者 O-U 过程。

设 r_t 的初始值为 r_0，由伊藤公式解这个方程，得到

$$r_t = \frac{\theta}{\alpha} + \mathrm{e}^{-\alpha t}\left(r_0 - \frac{\theta}{\alpha}\right) + \sigma \mathrm{e}^{-\alpha t}\int_0^t \mathrm{e}^{\alpha s}\mathrm{d}W_s.$$

可以用不同的Q -Brown 运动 $\overline{W}$ 来重新表示 r_t 为

$$r_t = \frac{\theta}{\alpha} + \mathrm{e}^{-\alpha t}\left(r_0 - \frac{\theta}{\alpha}\right) + \sigma \mathrm{e}^{-\alpha t}\overline{W}\left(\frac{\mathrm{e}^{2\alpha t}-1}{2\alpha}\right),$$

因此，r_t 服从正态边际分布，期望为

$$\frac{\theta}{\alpha} + \mathrm{e}^{-\alpha t}\left(r_0 - \frac{\theta}{\alpha}\right).$$

方差为

$$\sigma \mathrm{e}^{-2\alpha t}\left(\frac{\mathrm{e}^{2\alpha t}-1}{2\alpha}\right).$$

当 t 越来越大时，r_t 依分布收敛于期望为 $\dfrac{\theta}{\alpha}$，方差为 $\sigma^2/2\alpha$ 的正态分布。注意：只是依分布收敛，并不是过程 r_t 收敛。

2.4 衍生品定价数值方法简介

定价衍生品的数值方法主要有叉树算法和蒙特卡罗模拟算法。本节除介绍这

两种方法外，还讲述了另一种使用广泛的算法，即有限差分算法。

2.4.1 二叉树算法

对二叉树算法进行研究的文献很多，Cox 等（1979）首先在期权定价领域中应用了二叉树算法，并且将之与 Black-Scholes 公式结合起来，得到了从标的资产路径分析期权价值的算法。之后二叉树算法在期权定价领域的研究迅速多了起来，直至现在对二叉树算法的研究一直未间断过，如 Hull 和 White（1990）、Jiang 和 Dai（1999，2004）、Liang 等（2010），等等。Liu 等（2014）基于二叉树算法思想提出了一种简单又快速的叉树算法来计算美式亚式期权的上下界，该算法通过线性插值来减少二叉树算法中的计算代价和误差。计算数值结果表明，该算法相比其他已有算法能够更好地产生上下界。随着标的资产维度的增加或者模型的随机变量的增加，多维叉树算法逐渐发展起来。Dehghani 等（2014）在多维叉树算法上加入了一个新的技术——角锥体技术（Pyramid Technique），以解决经济不确定下的工程问题。Akyildirim 等（2014）分析了叉树算法在 Heston 随机波动率下的扩展应用。该文提出了一个新的叉树算法，将叉树过程扩展为四维马尔可夫过程（Markov Process），并且在二维叉树过程中包括股票价格过程和波动率过程，在另外两部分中则是随机游走过程（-1，+1）。他们将该算法应用到美式和欧式看涨看跌期权、障碍期权、回望期权及亚式期权，并且证明了弱收敛性。

运用二叉树算法进行期权定价需要通过对冲原理，将风险中性引入离散时间模型中。

（1）单步二叉树

考虑标的资产是股票，且在期权有效期内无红利支付。令股票的价格为 S，衍生品的价格为 f，当前时刻为 0 时，T 时刻后，标的资产有两种可能。

1）若向上运动，则以概率 p 从 S 上升到一个新的水平 Su，增长的比率为 $u-1$；

2）若向下运动，则以概率 $1-p$ 从 S 下降到新的水平 $Sd(u>1，d<1)$，减少的比率为 $1-d$。

当标的股票价格达到 Su 时衍生品收益为 f_u，当标的股票价格达到 Sd 时衍生品收益为 f_d。

现在构造一个证券组合，买入 Λ 股的股票和卖空一个衍生品。如果标的股票价格上升，期末时该组合的价值为

$$Su\Lambda - f_u,$$

如果标的股票价格下降，该组合的价值为

$$Sd\Lambda - f_d,$$

当两个价值相等时

$$Su\Lambda - f_u = Sd\Lambda - f_d,$$

即

$$\Lambda = \frac{f_u - f_d}{Su - Sd}, \tag{2.4.1}$$

在这种情况下，该组合是无风险的，收益必为无风险利率。Λ 为衍生证券价格变化与股票价格变化之比。

无风险利率用 r 表示，则该证券组合的现值为

$$e^{-rT}\left[p(Su\Lambda - f_u) + (1-p)(Sd\Lambda - f_d)\right] = e^{-rT}(Su\Lambda - f_u),$$

而构造该组合的成本为

$$S\Lambda - f,$$

因此

$$S\Lambda - f = e^{-rT}(Su\Lambda - f_u),$$

代入式（2.4.1），由于股票是服从风险中性定价的，股票过程是一个鞅，因此，

$$f = e^{-rT}\left[pf_u + (1-p)f_d\right],$$

其中，

$$p = \frac{e^{rT} - d}{u - d}.$$

（2）两步二叉树

依据上述步骤可以将单步二叉树推广到两步二叉树模型中。将整个 T 分为两个时间段，时间间隔为 Δt。每个时间段为一个单步二叉树，重复计算式（2.4.1），可得

$$f_u = e^{-r\Delta t}\left[pf_{uu} + (1-p)f_{ud}\right],$$

$$f_d = e^{-r\Delta t}\left[pf_{ud} + (1-p)f_{dd}\right],$$

$$f = \mathrm{e}^{-r\Delta t}[pf_u + (1-p)f_d],$$

化简上面三个式子，得到

$$f = \mathrm{e}^{-2r\Delta t}[p^2 f_{uu} + 2p(1-p)f_{ud} + (1-p)^2 f_{dd}].$$

而在期权定价的二叉树模型中时，一般将整个有效期分成 1000 步或更多的时间步。每个时间步都存在一个单步二叉树股票价格运动。

有很多方法从股票价格波动率 σ 确定 u 和 d 的值（在后面的 CRR 模型和 Tian 模型中将看到）。通常设定

$$u = \mathrm{e}^{\sigma\sqrt{\Delta t}},$$

$$d = \frac{1}{u}.$$

于是，定义一个树图的完整方程式为

$$u = \mathrm{e}^{\sigma\sqrt{\Delta t}},$$

$$d = \mathrm{e}^{-\sigma\sqrt{\Delta t}},$$

$$p = \frac{\mathrm{e}^{rT} - d}{u - d}.$$

这里为了方便，令 $u = 1/d$。虽然这样做不是必需的，但在后文可以看到，这个假设令模型简化了很多，即每上一步紧接着下一步都会得到相同的初始价格 S_0，即

$$S_0 ud = S_0.$$

正如从图中看到的一样，仅用了有限个价格步。

令

$$\mathrm{d}S = rS\mathrm{d}t + \sigma S\mathrm{d}W_t.$$

从 S_t 开始，经过一个小的时间步 Δt，可以看到新价格是一个随机变量 $S_{t+\Delta t}$，且

$$\log(S_{t+\Delta t}/S_t) \sim N\left(\left(r - \frac{\sigma^2}{2}\right)\Delta t, \ \sigma^2\Delta t\right),$$

利用对数正态分布的特性，得到

$$E\left[\frac{S_{t+\Delta t}}{S_t}\right] = \mathrm{e}^{r\Delta t}, \tag{2.4.2}$$

与

$$\operatorname{Var}\left[\frac{S_{t+\Delta t}}{S_t}\right] = \mathrm{e}^{2r\Delta t}(\mathrm{e}^{\sigma^2 \Delta t} - 1). \tag{2.4.3}$$

在二叉树过程中要用到状态匹配。并且，只有 2 个等式，却有 3 个参数，即 p、u 和 d，所以三个变量中的一个变量为自由变量。在网格点上，则有

$$E[S_{t+\Delta t}] = puS_t + (1-p)dS_t,$$

与式（2.4.2）联立，得

$$puS_t + (1-p)dS_t = \mathrm{e}^{r\Delta t}S_t,$$

得到

$$p = \frac{\mathrm{e}^{r\Delta t} - d}{u - d}.$$

注意：p 是风险中性条件下的概率，它不依赖真实浮动，为了与方差匹配，在网格上可以看到

$$\operatorname{Var}[S_{t+\Delta t}] = E[S_{t+\Delta t}^2] - E^2[S_{t+\Delta t}]$$

$$= S_t^2(pu^2 + (1-p)d^2) - S_t^2 \mathrm{e}^{2r\Delta t}.$$

从式（2.4.3）中可以看到

$$\operatorname{Var}[S_{t+\Delta t}] = S_t^2 \mathrm{e}^{2r\Delta t}(\mathrm{e}^{\sigma^2 \Delta t} - 1).$$

把这两个等式联立可得

$$S_t^2 \mathrm{e}^{2r\Delta t}(\mathrm{e}^{\sigma^2 \Delta t} - 1) = S_t^2(pu^2 + (1-p)d^2) - S_t^2 \mathrm{e}^{2r\Delta t},$$

最终得到

$$\mathrm{e}^{2r\Delta t + \sigma^2 \Delta t} = pu^2 + (1-p)d^2.$$

将 p 代入最后一个等式的右侧，化简得

$$\frac{\mathrm{e}^{r\Delta t} - d}{u - d}u^2 + \frac{u - \mathrm{e}^{r\Delta t}}{u - d}d^2 = \frac{u^2 \mathrm{e}^{r\Delta t} - u^2 d + ud^2 - d^2 \mathrm{e}^{r\Delta t}}{u - d}$$

$$= \frac{(u^2 - d^2)\mathrm{e}^{r\Delta t} - (u - d)}{u - d}$$

$$= (u + d)\mathrm{e}^{r\Delta t} - 1,$$

最后得到以下等式

$$\mathrm{e}^{2r\Delta t + \sigma^2 \Delta t} = (u + d)\mathrm{e}^{r\Delta t} - 1,$$

其中，利用 $u = 1/d$，可以转化为二次方程：

$$u^2 e^{r\Delta t} - u\left(1 + e^{2r\Delta t + \sigma^2\Delta t}\right) + e^{r\Delta t} = 0,$$

方程的一个根为

$$u = \frac{\left(1 + e^{2r\Delta t + \sigma^2\Delta t}\right) + \sqrt{\left(1 + e^{2r\Delta t + \sigma^2\Delta t}\right)^2 - 4e^{2r\Delta t}}}{2e^{r\Delta t}},$$

利用一阶条件拓展，只受 Δt 的影响，可以简化表达式，对平方根近似化简可得

$$\left(1 + e^{2r\Delta t + \sigma^2\Delta t}\right) - 4e^{2r\Delta t}$$

$$\approx \left(2 + (2r + \sigma^2)\Delta t\right)^2 - 4(1 + 2r\Delta t)$$

$$\approx 4\sigma^2\Delta t,$$

因此

$$u \approx \frac{2 + (2r + \sigma^2)\Delta t + 2\sigma\sqrt{\Delta t}}{2e^{r\Delta t}}$$

$$\approx \left(1 + r\Delta t + \frac{\sigma^2}{2}\Delta t + \sigma\sqrt{\Delta t}\right)(1 - r\Delta t)$$

$$\approx 1 + r\Delta t + \frac{\sigma^2}{2}\Delta t + \sigma\sqrt{\Delta t} - r\Delta t$$

$$= 1 + \sigma\sqrt{\Delta t} + \frac{\sigma^2}{2}\Delta t,$$

但是对于二阶条件，对 $e^{\sigma\sqrt{\Delta t}}$ 拓展，最终获得参数：

$$u = e^{\sigma\sqrt{\Delta t}},$$
$$d = e^{-\sigma\sqrt{\Delta t}},$$

$$p = \frac{e^{rT} - d}{u - d}.$$

这就是著名的 CRR 公式。

强调一下：这个方法及文献中所用的参数都不是唯一的，如可以取 $p = 0.5$，经计算可得

$$u = e^{\left(r - \frac{\sigma^2}{2}\right)\Delta t + \sigma\sqrt{\Delta t}},$$

$$d = e^{\left(r - \frac{\sigma^2}{2}\right)\Delta t - \sigma\sqrt{\Delta t}}.$$

这就是杰诺-拉德参数。按每个时间步倒推递归，直到到达初始节点，就能得到初始价值。二叉树算法在欧式看涨期权中得到最佳应用。

考虑标的资产价格为 S，美式看涨期权执行价为 K_1，在一期模型中，标的资产价格 S 在期末有两种可能的状态：以 p 的概率上升到 uS，或以 $(1-p)$ 的概率下降到 dS。设美式看涨期权价值为 V，在期末，美式看涨期权的价值 V 有以下两种可能：

$V_d = \max(K_1 - dS, 0)$，

$V_u = \max(K_1 - uS, 0)$．

在此，设标的资产价格 S 服从几何布朗运动，即

$\mathrm{d}S = \mu S \mathrm{d}t + \sigma S \mathrm{d}W_t$，

同时设

$u = \mathrm{e}^{\sigma\sqrt{t/n}}$，

$d = 1/u$．

可以将期权的剩余时间分成 n 段。在 n 期的情况下，标的资产价格 S 有 $(n+1)$ 种可能值。由于美式期权具有提前执行的特性，定价美式期权需从第 n 期向前推导，每次向前推导都要做出比较，即

$V_{i-1}^j = \max(V_{i-1}^j,\ \mathrm{e}^{-rT/n}(pV_i^{j+1} + (1-p)V_i^j))$．

其中，在看跌期权中，

$V_i^j = \max(K - u^j d^{i-j}S, 0)$．

在看涨期权中，

$V_i^j = \max(u^j d^{i-j}S - K, 0)$．

因此，在常数波动率下，二叉树算法如下：

所需数据为 S、r、q、σ、K_1、K_2、T、n。

输出：美式看涨期权价格及其最优执行边界。

第一步：将初始时刻至到期日之间每一时段的标的资产价格的路径模拟出来。

第二步：从期权到期日开始，比较两个相邻时段之间期权的价值。如果前一时段价值较小，则将后一时段价值赋值给前一时段，并且在图上打点，表示在这一时段可以提前执行。以此类推，直至初始时刻。

2.4.2 蒙特卡罗模拟

蒙特卡罗模拟（Monte Carlo simulation）在于模拟多条随机路径，通过大数定

律得到收敛值。主要在于模拟标的资产的运动路径，得到各种可能的期权价值之后再进行平均得到模拟值。

下面以欧式看涨期权 $C(t, S)$ 为例，说明蒙特卡罗模拟的基本思路。

（1）将 $[0, T]$ 分为 N 时段，每个时段 $\Delta t = T/N$。从初始时刻的标的资产价格 $S(0)$ 开始，计算

$$S_{t+\Delta t} = S_t e^{\left(\mu - \frac{\sigma^2}{2}\right)\Delta t + \sigma\varepsilon\sqrt{\Delta t}},$$

到时间 T，其中，ε 为随机变量，服从标准正态随机分布。得到 S 在风险中性世界跨越整个有效期的一条随机路径，给出了标的资产价格路径的一个实现（终值 S_T）

（2）计算出这条路径下期权终端的价值

$$C_T = \max(S_T - K, 0).$$

（3）重复第一、第二步，得到许多样本。

（4）计算这些样本的均值，再用无风险利率 r 贴现，得到这个期权现在的价格：

$$C = e^{-rT} E^Q[f(S_T, T)].$$

蒙特卡罗模拟的关键是模拟标的资产的运动路径。模拟精度主要取决于随机抽样和模拟次数（一般须模拟 2000—5000 次）。

蒙特卡罗模拟方法具有非常广的适用性，尤其是在解决多维情况下，相比二叉树算法有计算时间上的巨大优势。因为蒙特卡罗模拟随着标的资产的维数的增加呈线性增长，而二叉树算法是指数型增长，所以计算效率较高。本书研究的衍生品包括随机利率和随机波动率，也使用蒙特卡罗模拟，虽然其精度可能不如一维的情况，但具有一定的参考价值。

随着蒙特卡罗模拟的发展日趋成熟，各种减少误差、提高精度的方法也不断被提出和创新，如方差缩减技术（降低的方法有对偶变量技术、控制变量技术、分层抽样技术等）、拟蒙特卡罗模拟等。

蒙塔卡罗模拟又分为直接蒙特卡罗模拟和间接蒙特卡罗模拟。顾名思义，直接蒙特卡罗模拟就是针对具体问题的直接模拟。间接蒙特卡罗模拟是将问题抽象出来，成为数学上的某种概率问题，然后进行模拟实验。一般通过均匀分布、正

态分布、泊松分布等模拟，随着模拟次数的增加，实验结果越来越接近真实解。

自 Longstaff 和 Schwartz(2001)提出最小二乘蒙特卡罗模拟(LSM)算法以来，该方法作为定价美式算法的基本算法被众多学者引用，对其研究和发展也从未间断过。Stentoft(2004a，2004b，2005，2008)分别使用了 LSM 计算了美式期权在常数波动率下和 GARCH 模型下的应用。Areal 等(2008)回顾了 LSM 方法的相关改进，提出了一种更加快速和有效的方法。Zanger(2013)继续研究了 LSM 的数值计算误差，基于标准的 Longstaff–Schwartz 算法，证明了新的误差估计。他们在期望 L^2 样本误差下建立了 $O(\log^{\frac{1}{2}}(N)N^{-\frac{1}{2}})$ 收敛阶(其中，N 为模拟路径数量)。Mostovyi(2013)进一步分析了 LSM 算法的稳定性问题，研究在执行日数量增加的情况下，LSM 算法的稳定性。在多种风险因素下，LSM 逐渐成为一种标准的数值算法。然而随着风险因子的增加，太多或者太少的回归参数都会产生误差，尤其是考虑到多种风险因子情况下的模拟计算代价越来越高，需要减少路径数量。Letourneau 和 Stentoft(2014)基于上述原因，在 LSM 算法的基础上加入了一个构造，以减少在多种风险因子下的回归误差。他们将这个方法应用到不同类型的期权，并得到了明显的改进效果。Abbas–Turki 等(2014)则在图形过程下(Graphics Processing)下应用了 LSM。

本章使用简单的数值算例来介绍该方法。假设有一个普通的美式看涨期权，标的资产是一维的，设为 S，服从几何布朗运动，即

$$dS_t = rS_t dt + \sigma S_t dW_t.$$

其中，W_t 为一个标准的维纳过程，r、σ 均为常数，使用众所周知的资产路径过程。设定一个初始状态 $S(0)$，则

$$S(t) = S(0)e^{\left(r-\frac{1}{2}\sigma^2\right)t+\sigma W(t)}.$$

根据维纳过程的性质，可得

$$S(t) = S(0)e^{\left(r-\frac{1}{2}\sigma^2\right)t+\sigma\sqrt{t}Z(t)}.$$

其中，

$$Z(t) \sim N(0, 1).$$

假设执行价值为 K，到期日为 T，则将时间离散为

$$0 < t_1 < t_2 < \cdots < t_n = T,$$

因此，在不同的时间点 i, $j(i<j)$, 有

$$S(t_i) = S(t_j)\, \mathrm{e}^{\left(r-\frac{1}{2}\sigma^2\right)(t_i-t_j)+\sigma\sqrt{t_i-t_j}Z(t_i)}.$$

在设定了参数 $S(0)$、r、σ、T，以及时间段 N 之后，就可以模拟出资产的路径，如图 2-3 所示。

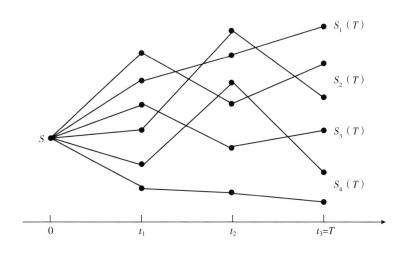

图 2-3　蒙特卡罗模拟路径

图 2-3 中给出了 6 条模拟路径，若期权为欧式看涨期权，则该期权的价值为

$$V=\frac{1}{6}\mathrm{e}^{-rT}\{[S_1(T)-K]^+ +[S_2(T)-K]^+ +[S_3(T)-K]^+ +[S_4(T)-K]^+ +$$

$$[S_5(T)-K]^+ +[S_6(T)-K]^+\}.$$

美式期权具有提前执行的特征，因此不能直接由最后时刻的资产价格决定，需要在所有路径的所有离散时间上比较相邻两个时刻的价值，即比较立即执行价值和继续持有价值。在最小二乘蒙特卡罗模拟算法中，使用了资产的价格根据已有的继续持有价值拟合这一时刻的以资产价格为变量的继续持有价值的函数。因此存在一个执行矩阵，执行矩阵表示所有路径和所有离散点上是否执行的点，一般来说，假设 1 为执行，0 为不执行，即若使用最小二乘蒙特卡罗方法（LSM）计算美式期权，模拟 M 条路径，离散 T 为 N 段时刻，则执行矩阵的初值为 $M\times N$ 的零矩阵，并且选择继续持有不为零时路径上的价格拟合，这样做可以显著提高算

法效率(Longstaff 和 Schwartz，2001)，在选择如何拟合其继续持有价值上，其使用了包含当前价格和当前价格的平方作为基础函数。在定价美式期权上，使用了100000 条路径(50000 条路径加上对偶控制变量技术的 50000 条路径)和前三项加权 Laguerre 多项式作为基础函数。但是在路径模拟以及多项式上可以灵活使用，以求得最佳方法。LSM 方法的拟合方程如下：

$$y(t_i) = \alpha + \sum_{k=1}^{K} \beta_k \omega(x(t_i)) L_{k-1}(x(t_i)) + u(t_i).$$

其中，$y(t_i)$ 为在时刻 t_i 的继续持有价值；$x(t_i)$ 为在时刻 t_i 的资产价格(当然可以找其他与继续持有价值相关的变量，但是其准确性需要验证)；$L_{k-1}(x(t_i))$ 为第 k 级 Lagueree 多项式；α、β_k 均为需要估计的值。Longstff 和 Schwartz(2001)在 LSM 中使用的则是

$$\omega(x(t_i)) = e^{-x(t_i)/2}.$$

2.4.3　有限差分算法

有限差分算法是计算期权价值的重要算法之一，指从期权定价的偏微分方程出发，直接在时间上离散该偏微分方程，将其变为差分方程，然后通过迭代方法(一般知道边界条件)倒推到初始时刻，进而求得期权的价值。Brennan 和 Schwart(1978)最早使用有限差分算法。定价期权的二叉树算法公式可以从有限差分算法推导出来，可以说，二叉树算法是一种特殊的显示有限差分算法。有限差分算法过程如下。

根据期权定价公式

$$\frac{\partial V}{\partial t} + \frac{1}{2}\sigma^2 S^2 \frac{\partial^2 V}{\partial S^2} + rS\frac{\partial V}{\partial S} - rV = 0,$$

使用变量替换

$$x = \log S - \left(r - \frac{1}{2}\sigma^2\right)t,$$

$$\tau = T - t,$$

$$U(x, \tau) = e^{r\tau}C(S, t),$$

代入上述公式得到

$$\frac{\partial U}{\partial \tau}-\frac{1}{2}\sigma^2\frac{\partial^2 U}{\partial x^2}=0. \tag{2.4.4}$$

并且根据期权的到期日条件

$$U(x,\ 0)=f\left(\exp\left(x+\left(r-\frac{1}{2}\sigma^2\right)T\right)\right).$$

其中，$f(S)$ 为收益函数。假设该收益为欧式看涨期权：

$$U(x,\ 0)=\max\left\{\exp\left(x+\left(r-\frac{1}{2}\sigma^2\right)T\right)-K,\ 0\right\}.$$

接下来，对式(2.4.1)进行差分(时间离散)，得到

$$\frac{U(x,\ \tau+\Delta\tau)-U(x,\ \tau)}{\Delta\tau}-\frac{1}{2}\sigma^2\frac{U(x+\Delta x,\ \tau)-2U(x,\ \tau)+U(x-\Delta x,\ \tau)}{\Delta x^2}=0. \tag{2.4.5}$$

其中，时间 τ 和变量 x 的微小增量分别为 $\Delta\tau$ 和 Δx，并且 $\Delta\tau$ 和 Δx 之间存在如下关系：

$$\Delta x=\sigma\sqrt{\Delta\tau}\,,$$

通过式(2.4.2)，得出

$$U(x,\ \tau+\Delta\tau)=\frac{1}{2}\left[U(x+\Delta x,\ \tau)+U(x-\Delta x,\ \tau)\right],$$

从而

$$\exp\left\{\left(r-\frac{1}{2}\sigma^2\right)\Delta\tau+\Delta x\right\}=\exp\left\{\left(r-\frac{1}{2}\sigma^2\right)\Delta\tau+\sigma\sqrt{\Delta\tau}\right\}=u,$$

$$\exp\left\{\left(r-\frac{1}{2}\sigma^2\right)\Delta\tau-\Delta x\right\}=\exp\left\{\left(r-\frac{1}{2}\sigma^2\right)\Delta\tau-\sigma\sqrt{\Delta\tau}\right\}=d,$$

如果令 $\Delta t=\Delta\tau$，可得

$$V(S,\ t-\Delta t)=\frac{1}{2}e^{-r\Delta t}\left[V(Su,\ t)+V(Sd,\ t)\right].$$

将该公式与二叉树算法过程相比较，可以发现这二者是一致的，表明二叉树算法和有限差分算法存在紧密联系。

3　时间期权定价近似解析解算法

近期有不少文献分析了时间期权的定价问题。一个时间期权类似于一个标准的欧式期权加上一个随机到期日，这个到期日是累积方差首次达到一个给定的水平的日期。这种类型期权的出现是为了给予投资者更好的风险补偿。时间期权最初设计出来只有少数大的投资基金在使用，随着对时间期权了解的深入，越来越多的投资者选择时间期权。

根据 Bernard 和 Cui（2011）的描述，在离散时间模型下，时间期权的购买者选择一个累积波动率目标 $\varSigma$（也称隐含波动率目标）及一个固定的到期日来建立一个固定的方差预算（Variance Budget）：

$$VB^{\text{Target}} = \varSigma^2 \frac{N_T}{252},$$

其中，N_T 为在到期日 T 之前的交易日。在观察期 D 的实现波动率的计算公式为

$$\varSigma_D^{\text{realized}} = \sqrt{\frac{1}{n-1} \sum_{i=1}^{n} u_i^2},$$

其中，

$$u_i = \ln\left(\frac{S_i}{S_{i-1}}\right),$$

并且 S_i 是在时刻 t_i 的标的股票价格，且满足

$$0 < t_1 < t_2 < \cdots < t_n = D.$$

在一般情况下，在实际中离散时间用的是每一天算一步。为了能够达到一年的时期，需要除以 $\sqrt{D}$，因此，年化的实现波动率为

$$\sigma_{\text{realized}} = \frac{\varSigma_D^{\text{realized}}}{\sqrt{D}}.$$

随着股票每天都是变化，方差预算也随着实现方差的变化而变化：

$$VB^{realized} = \sigma^2_{realized} \frac{d}{252}.$$

其中，d 为从初始时刻开始计算的天数。当实现方差 $VB^{realized}$ 首次大于方差预算目标时，期权会自动执行。如果实现波动率匹配了投资者的目标波动率，则期权执行日期等于投资者的目标投资到期日。如果实现波动率较高或者较低，期权就会相应地提前执行或者延后执行。

Bernard 和 Cui（2011）提出的金融市场模型为，在市场风险中性测度 Q 下，

$$dS_t = rS_t dt + \sqrt{V_t} S_t (\sqrt{1-\rho^2}\, dW^1_t + \rho dW^2_t),$$

$$dV_t = \alpha_t dt + \beta_t dW^2_t,$$

其中，W^1 和 W^2 均为相互独立的布朗运动，ρ 为标的股票与波动率之间的相关系数，无风险利率 r 为常数。这里使用了 Heston 模型和 Hull-White 模型两个波动率模型。

迄今为止，关于时间期权的文献只研究在固定利率下的情况。但是，Bernard 和 Cui（2011）指出，在时间期权研究中，波动率过程和利率过程的相关性也可能是一个重要的风险因素。因此，本书研究的是在随机利率模型下的时间期权。由于利率、波动率及随机到期日之间的相关性很复杂，在固定利率模型下的时间期权定价公式可能很难直接应用到随机利率模型上。并且在此情况下，随机利率下的时间期权定价是一个四维偏微分方程，由于维度较高，计算这个四维偏微分方程的难度加大。本章提供了新的有效算法来定价 Vasicek 随机利率模型下的时间期权。

本章的结构是，首先通过 delta 对冲，得到在 Vasicek 随机利率模型下的时间期权定价四维偏微分方程。其次使用变量转换方法将四维偏微分方程降低为二维偏微分方程。再次使用扰动法求解该二维偏微分方程，以得到时间期权的近似可解析定价方程。最后在两个常用的波动率模型下：Heston 随机波动率模型和 Hull-White 随机波动率模型下计算时间期权的价值，验证所提出公式的有效性。

3.1　时间期权的定价公式

假设股票价格 S_t、波动率 V_t，以及无风险利率 r_t 在风险中性测度下满足如下随机波动率模型：

$$\mathrm{d}S_t = r_t S_t \mathrm{d}t + \sqrt{V_t}\, S_t \mathrm{d}W_t^1, \tag{3.1.1}$$

$$\mathrm{d}V_t = \alpha(V_t)\mathrm{d}t + \eta\beta(V_t)\mathrm{d}W_t^2, \tag{3.1.2}$$

$$\mathrm{d}r_t = \kappa(\theta - r_t)\mathrm{d}t + \sigma \mathrm{d}W_t^3. \tag{3.1.3}$$

其中，κ、θ、σ、$\eta > 0$；W_t^1、W_t^2、W_t^3 在风险中性测度 $\mathbb{Q}$ 下均为布朗运动，服从：

$$\mathrm{d}W_t^1 \mathrm{d}W_t^2 = \rho_1 \mathrm{d}t,$$

$$\mathrm{d}W_t^1 \mathrm{d}W_t^3 = \rho_2 \mathrm{d}t,$$

$$\mathrm{d}W_t^2 \mathrm{d}W_t^3 = \rho_3 \mathrm{d}t.$$

其中，ρ_1、ρ_2、ρ_3 均为相关系数。在 Vasicek 模型式(3.1.3)中，到期日为 T 的零息债券的价格 P_t 变动过程服从

$$\mathrm{d}P_t = r_t P_t \mathrm{d}t + \sigma_P(t) P_t \mathrm{d}W_t^3. \tag{3.1.4}$$

其中，

$$\sigma_P(t) = -\sigma \frac{1 - \mathrm{e}^{-\kappa(T-t)}}{\kappa}, \tag{3.1.5}$$

并且假设 τ 是离到达一个给定的方差临界值 B 的随机剩余时间：

$$\tau = \inf\left\{ t > 0 : \int_0^t V_u \mathrm{d}u = B \right\}. \tag{3.1.6}$$

虽然零息债券的到期日 $\tilde{T}$ 是随机的，式(3.1.4)依然是正确的，并且其执行不确定性在 $\sigma_P(t)$ 中解决。考虑一个时间期权，其随机执行日为 τ，收益函数为 Power 函数 S_τ^λ，$\lambda > 1$。Power 函数的收益曲线见图 3-1，图中 λ 分别为 1.01、1.06 及 1.1。随着标的资产价格 S 的增大，不同 λ 时的收益函数的差距也在逐渐增大。

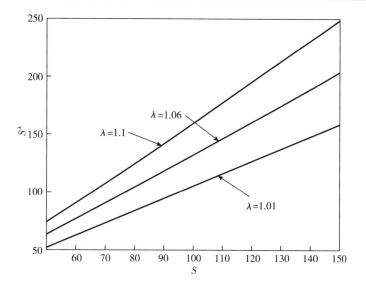

图 3-1　Power 函数收益曲线

在时间 τ 时的 $\mathbf{Q}$ 测度下的时间期权价值为

$$C = E_Q\left[\, \mathrm{e}^{-r_\tau \tau} S_\tau^\lambda \,\right].$$

定义累积方差过程为

$$\xi_t = \int_0^t V_u \mathrm{d}u. \tag{3.1.7}$$

然后，S_t、V_t、ξ_t、r_t 这些过程形成了一个足够定价时间期权模型的马尔可夫系统。因此，时间期权价格能够使用公式 $f(S,\ V,\ \xi,\ r)$ 来表示。根据 Gatheral（2002）的理论，接下来证明用来定价时间期权的公式 f 满足一个四维偏微分方程。

定理 3.1.1：在金融模型式（3.1.1）、式（3.1.2）和式（3.1.3）中，时间期权价格公式 $f(S,\ V,\ \xi,\ r)$ 满足下面的偏微分方程：

$$V\frac{\partial f}{\partial \xi} + rS\frac{\partial f}{\partial S} + \alpha(V)\frac{\partial f}{\partial V} + \kappa(\theta - r)\frac{\partial f}{\partial r} + \rho_1 \eta S\beta(V)\sqrt{V}\frac{\partial^2 f}{\partial S\partial V} + \rho_2 \sigma S\sqrt{V}P\frac{\partial^2 f}{\partial S\partial r} +$$

$$\rho_3 \sigma\eta\beta(V)\frac{\partial^2 f}{\partial V\partial r} + \frac{1}{2}VS^2\frac{\partial^2 f}{\partial S^2} + \frac{1}{2}\eta^2\beta^2(V)\frac{\partial^2 f}{\partial V^2} + \frac{1}{2}\sigma^2\frac{\partial^2 f}{\partial r^2} - rf = 0, \tag{3.1.8}$$

和边界条件：

$$f(S,\ V,\ B,\ r)=S^{\lambda}.\qquad (3.1.9)$$

证明： 考虑一个在时间段 $[0,\ \tilde{T}]$ 的动态组合，该组合由一个价值为

$$C_t=f(S_t,\ V_t,\ \xi_t,\ r_t)$$

的时间期权，一组数量为 $-\Delta_t^1$ 的股票，一组数量为 $-\Delta_t^2$ 的其他风险资产，并且这些风险资产的价值只依赖到期日的波动率，将这些风险资产定义为

$$G_t=g(t,\ V_t,\ \xi_t),$$

以及一组数量为 $-\Delta_t^3$ 的零息债券 P_t。定义这个组合的价值为 π_t，可知

$$\pi_t=C_t-\Delta_t^1 S_t-\Delta_t^2 G_t-\Delta_t^3 P_t,$$

并且

$$\begin{aligned}\mathrm{d}\pi_t&=\mathrm{d}C_t-\Delta_t^1\mathrm{d}S_t-\Delta_t^2\mathrm{d}G_t-\Delta_t^3\mathrm{d}P_t\\&=\mathrm{d}f-\Delta_t^1\mathrm{d}S_t-\Delta_t^2\mathrm{d}g-\Delta_t^3\mathrm{d}P_t.\end{aligned}\qquad (3.1.10)$$

为了简洁且避免混淆的可能，将部分地方和式（3.1.10）的下标 t 移除，改写为

$$\mathrm{d}\pi=\mathrm{d}f-\Delta_t^1\mathrm{d}S-\Delta_t^2\mathrm{d}g-\Delta_t^3\mathrm{d}P.\qquad (3.1.11)$$

应用伊藤定理并且使用 $\mathrm{d}\xi=V\mathrm{d}t$，得到

$$\begin{aligned}\mathrm{d}f=&\frac{\partial f}{\partial S}\mathrm{d}S+\frac{\partial f}{\partial V}\mathrm{d}V+\frac{\partial f}{\partial r}\mathrm{d}r+\\&\left[V\frac{\partial f}{\partial \xi}+\rho_1\eta S\beta(V)\sqrt{V}\frac{\partial^2 f}{\partial S\partial V}+\rho_2\sigma S\sqrt{V}\frac{\partial^2 f}{\partial S\partial r}+\rho_3\sigma\eta\beta(V)\frac{\partial^2 f}{\partial V\partial r}\right]\mathrm{d}t+\\&\left[\frac{1}{2}VS^2\frac{\partial^2 f}{\partial S^2}+\frac{1}{2}\eta^2\beta^2(V)\frac{\partial^2 f}{\partial V^2}+\frac{1}{2}\sigma^2\frac{\partial^2 f}{\partial r^2}\right]\mathrm{d}t\end{aligned}\qquad (3.1.12)$$

$$\mathrm{d}g=\frac{\partial g}{\partial V}\mathrm{d}V+\left[\frac{\partial g}{\partial t}+V\frac{\partial g}{\partial \xi}+\frac{1}{2}\eta^2\beta^2(V)\frac{\partial^2 g}{\partial V^2}\right]\mathrm{d}t\qquad (3.1.13)$$

$$\mathrm{d}P=\frac{\partial P}{\partial r}\mathrm{d}r+\left[\frac{\partial P}{\partial t}+\frac{1}{2}\sigma^2\frac{\partial^2 P}{\partial r^2}\right]\mathrm{d}t\qquad (3.1.14)$$

然后使用式（3.1.12）、式（3.1.13）和式（3.1.14），得到

$$\begin{aligned}\mathrm{d}\pi=&\left[V\frac{\partial f}{\partial \xi}+\rho_1\eta S\beta(V)\sqrt{V}\frac{\partial^2 f}{\partial S\partial V}+\rho_2\sigma S\sqrt{V}\frac{\partial^2 f}{\partial S\partial r}+\rho_3\sigma\eta\beta(V)\frac{\partial^2 f}{\partial V\partial r}\right]\mathrm{d}t+\\&\left[\frac{1}{2}VS^2\frac{\partial^2 f}{\partial S^2}+\frac{1}{2}\eta^2\beta^2(V)\frac{\partial^2 f}{\partial V^2}+\frac{1}{2}\sigma^2\frac{\partial^2 f}{\partial r^2}\right]\mathrm{d}t-\Delta^2\left[\frac{\partial g}{\partial V}\mathrm{d}V+\left[\frac{\partial g}{\partial t}+V\frac{\partial g}{\partial \xi}+\frac{1}{2}\eta^2\beta^2(V)\frac{\partial^2 g}{\partial V^2}\right]\mathrm{d}t\right]+\end{aligned}$$

$$\left(\frac{\partial f}{\partial S}-\Delta^1\right)dS+\left(\frac{\partial f}{\partial V}-\Delta^2\frac{\partial g}{\partial V}\right)dV+\left[\frac{\partial f}{\partial r}-\Delta^3\frac{\partial P}{\partial r}\right]dr-\Delta^3\left[\frac{\partial P}{\partial t}+\frac{1}{2}\sigma^2\frac{\partial^2 P}{\partial r^2}\right]dt. \qquad (3.1.15)$$

$P=P(r,\ t)$ 满足下面的偏微分方程[如式(3.1.10)]

$$\frac{\partial P}{\partial t}+\frac{1}{2}\sigma^2\frac{\partial^2 P}{\partial r^2}+\kappa(\theta-r)\frac{\partial P}{\partial r}-rP=0,\ 0\leqslant t<T,\ r>0, \qquad (3.1.16)$$

根据

$$P(t,\ T)=1,$$

得到

$$\frac{\partial P}{\partial t}+\frac{1}{2}\sigma^2\frac{\partial^2 P}{\partial r^2}=rP-\kappa(\theta-r)\frac{\partial P}{\partial r}. \qquad (3.1.17)$$

为了让这个组合处处无风险,如

$$d\pi=r\pi dt=r(f-\Delta^1 S-\Delta^2 g-\Delta^3 P)dt, \qquad (3.1.18)$$

必须选择

$$\begin{cases} \Delta^1=\dfrac{\partial f}{\partial S}, \\[3mm] \Delta^2=\dfrac{\dfrac{\partial f}{\partial V}}{\dfrac{\partial g}{\partial V}}, \\[3mm] \Delta^3=\dfrac{\partial f}{\partial P}. \end{cases} \qquad (3.1.19)$$

将式(3.1.15)、式(3.1.17)、式(3.1.18)及式(3.1.19)合并,可得

$$\frac{1}{\dfrac{\partial f}{\partial V}}\left[V\frac{\partial f}{\partial \xi}+rS+\kappa(\theta-r)\frac{\partial f}{\partial r}+\rho_1\eta S\beta(V)\sqrt{V}\frac{\partial^2 f}{\partial S\partial V}+\rho_2\sigma S\sqrt{V}\frac{\partial^2 f}{\partial S\partial r}+\rho_3\sigma\eta\beta(V)\frac{\partial^2 f}{\partial V\partial r}+\right.$$

$$\frac{1}{2}VS^2\frac{\partial^2 f}{\partial S^2}+\frac{1}{2}\eta^2\beta^2(V)\frac{\partial^2 f}{\partial V^2}+\frac{1}{2}\sigma^2\frac{\partial^2 f}{\partial r^2}-rf\left]=\frac{1}{\dfrac{\partial g}{\partial V}}\left[(1-r)\frac{\partial g}{\partial t}+V\frac{\partial g}{\partial \xi}+\frac{1}{2}\eta^2\beta^2\frac{\partial^2 g}{\partial V^2}\right]\right.$$

$$(3.1.20)$$

如 Gatheral(2002)、Bernard 和 Cui(2011)所述,式(3.1.20)两边都等于 $-\alpha(V)$。因此得到了定价时间期权的偏微分式(3.1.8),并且定理 3.1.1 证毕。

请注意：变量 ξ 相比标准看涨期权，起到时间的作用。因此，变量 ξ 经常被称为"随机闹钟"。

3.2 定价时间期权的近似解析解公式

在本节中，笔者提出了一系列变量转换来将四维偏微分式（3.1.8）降维至二维偏微分方程，然后使用扰动法来得到近似方程。

定理 3.2.1： 令

$$y=\frac{S}{P}, \quad \hat{f}(y, \ V, \ \xi)=\frac{f(S, \ V, \ \xi, \ r)}{P} \tag{3.2.1}$$

其中，$P=P(t, \ r)$，则偏微分方程［式（3.1.8）］及其边界条件［式（3.1.9）］相当于

$$V\frac{\partial \hat{f}}{\partial \xi}+\alpha(V)\frac{\partial \hat{f}}{\partial V}+(\rho_1\sqrt{V}-\rho_3\sigma_P)\eta\gamma\beta(V)\frac{\partial^2 \hat{f}}{\partial y\partial V}+\rho_3\eta\beta(V)\sigma_P\frac{\partial^2 \hat{f}}{\partial V\partial y}+$$

$$\frac{1}{2}\eta^2\beta^2(V)\frac{\partial^2 \hat{f}}{\partial V^2}+\frac{1}{2}\left[\sigma_P^2-2\rho_2P\sqrt{V}+V\right]y^2\frac{\partial^2 \hat{f}}{\partial y^2}=0, \tag{3.2.2}$$

并且边界条件为

$$\hat{f}(y, \ V, \ B)=P^{\lambda-1}y^{\lambda}, \tag{3.2.3}$$

其中，σ_P 的定义见式（3.1.5）。

证明： 转换（3.2.1）得到

$$f(S, \ V, \ \xi, \ r)=P\hat{f}(y, \ V, \ \xi), \tag{3.2.4}$$

和

$$\hat{f}(y, \ V, \ B)=P^{\lambda-1}y^{\lambda}.$$

使用转换后的［式（3.2.1）］，并且定义

$$\frac{\mathrm{d}t}{\mathrm{d}\xi}=\frac{1}{V},$$

计算出下列结果：

$$\begin{cases} \dfrac{\partial f}{\partial V}=P\dfrac{\partial \hat{f}}{\partial V}, \\[3mm] \dfrac{\partial f}{\partial S}=\dfrac{\partial \hat{f}}{\partial y}. \end{cases} \qquad (3.2.5)$$

$$\frac{\partial f}{\partial \xi}=P\left(\frac{\partial \hat{f}}{\partial \xi}+\frac{\partial \hat{f}}{\partial y}\frac{\partial y}{\partial P}\frac{\partial P}{\partial t}\frac{\partial t}{\partial \xi}\right)+\frac{\partial P}{\partial t}\frac{\mathrm{d}t}{\mathrm{d}\xi}\hat{f}$$

$$=P\frac{\partial \hat{f}}{\partial \xi}-y\frac{1}{V}\frac{\partial P}{\partial t}\frac{\partial \hat{f}}{\partial y}+\frac{1}{V}\hat{f}\frac{\partial P}{\partial t}, \qquad (3.2.6)$$

$$\frac{\partial f}{\partial r}=\hat{f}\frac{\partial P}{\partial r}+P\frac{\partial \hat{f}}{\partial y}\frac{\partial y}{\partial P}\frac{\partial P}{\partial r}=\hat{f}\frac{\partial P}{\partial r}-y\frac{\partial \hat{f}}{\partial y}\frac{\partial P}{\partial r}, \qquad (3.2.7)$$

$$\begin{cases} \dfrac{\partial^2 f}{\partial S\partial V}=\dfrac{\partial^2 \hat{f}}{\partial y\partial V}, \\[3mm] \dfrac{\partial^2 f}{\partial S\partial r}=\dfrac{\partial^2 \hat{f}}{\partial y\partial r}=\dfrac{\partial^2 \hat{f}}{\partial y^2}\dfrac{\partial y}{\partial P}\dfrac{\partial P}{\partial r}=-\dfrac{1}{P}y\dfrac{\partial P}{\partial r}\dfrac{\partial^2 \hat{f}}{\partial y^2}. \end{cases} \qquad (3.2.8)$$

$$\frac{\partial^2 f}{\partial V\partial r}=\frac{\partial}{\partial r}\left(P\frac{\partial \hat{f}}{\partial V}\right)=\frac{\partial P}{\partial r}\frac{\partial \hat{f}}{\partial V}+P\frac{\partial^2 \hat{f}}{\partial V\partial y}\frac{\partial y}{\partial P}\frac{\partial P}{\partial r}=\frac{\partial P}{\partial r}\frac{\partial \hat{f}}{\partial V}-y\frac{\partial^2 \hat{f}}{\partial V\partial y}\frac{\partial P}{\partial r}, \qquad (3.2.9)$$

$$\begin{cases} \dfrac{\partial^2 f}{\partial S^2}=\dfrac{\partial^2 \hat{f}}{\partial y\partial S}=\dfrac{\partial^2 \hat{f}}{\partial y^2}\dfrac{\partial y}{\partial S}=\dfrac{1}{P}\dfrac{\partial^2 \hat{f}}{\partial y^2}, \\[3mm] \dfrac{\partial^2 f}{\partial V^2}=\dfrac{\partial}{\partial V}\left(P\dfrac{\partial \hat{f}}{\partial V}\right)=P\dfrac{\partial^2 \hat{f}}{\partial V^2}. \end{cases} \qquad (3.2.10)$$

$$\frac{\partial^2 f}{\partial r^2}=\frac{\partial}{\partial r}\left(\hat{f}\frac{\partial P}{\partial r}-y\frac{\partial \hat{f}}{\partial y}\frac{\partial P}{\partial r}\right)$$

$$=\frac{\partial \hat{f}}{\partial r}\frac{\partial P}{\partial r}+\hat{f}\frac{\partial^2 P}{\partial r^2}-y\frac{\partial \hat{f}}{\partial y}\frac{\partial^2 P}{\partial r^2}-\frac{\partial P}{\partial r}\frac{\partial}{\partial r}\left(y\frac{\partial \hat{f}}{\partial y}\right)$$

$$=\frac{\partial \hat{f}}{\partial y}\frac{\partial y}{\partial P}\left(\frac{\partial P}{\partial r}\right)^2+\hat{f}\frac{\partial^2 P}{\partial r^2}-y\frac{\partial \hat{f}}{\partial y}\frac{\partial^2 P}{\partial r^2}-\frac{\partial P}{\partial r}\left(\frac{\partial y}{\partial P}\frac{\partial P}{\partial r}\frac{\partial \hat{f}}{\partial y}+y\frac{\partial^2 \hat{f}}{\partial y^2}\frac{\partial y}{\partial P}\frac{\partial P}{\partial r}\right)$$

$$=\left(\hat{f}-y\frac{\partial \hat{f}}{\partial y}\right)\frac{\partial^2 P}{\partial r^2}+\frac{1}{P}y^2\left(\frac{\partial P}{\partial r}\right)^2\frac{\partial^2 \hat{f}}{\partial y^2}. \qquad (3.2.11)$$

将式(3.2.4)~式(3.2.11)等代入最初的四维偏微分方程式(3.1.8)，并且除以 P 得到

$$V\frac{\partial \hat{f}}{\partial \xi}+\alpha(V)\frac{\partial \hat{f}}{\partial V}+\rho_1\eta\gamma\beta(V)\sqrt{V}\frac{\partial^2 \hat{f}}{\partial y\partial V}+\rho_3\sigma\eta\beta(V)\frac{1}{P}\frac{\partial P}{\partial r}\frac{\partial \hat{f}}{\partial V}-\rho_3\sigma\eta\beta(V)y\frac{1}{P}\frac{\partial P}{\partial r}\frac{\partial^2 \hat{f}}{\partial V\partial y}+$$

$$\frac{1}{2}\eta^2\beta^2(V)\frac{\partial^2\hat{f}}{\partial V^2}+\left[-\rho_2\sigma\sqrt{V}\frac{\partial P}{\partial r}+\frac{1}{2}V+\frac{1}{2}\sigma^2\left(\frac{1}{P}\frac{\partial P}{\partial r}\right)^2\right]y^2\frac{\partial^2\hat{f}}{\partial y^2}+$$

$$\frac{1}{P}y\left[rP-\frac{\partial P}{\partial t}-\kappa(\theta-r)\frac{\partial P}{\partial r}-\frac{1}{2}\sigma^2\frac{\partial^2 P}{\partial r^2}\right]\frac{\partial\hat{f}}{\partial y}+\frac{1}{P}\left[\frac{\partial P}{\partial t}+\kappa(\theta-r)\frac{\partial P}{\partial r}+\frac{1}{2}\sigma^2\frac{\partial^2 P}{\partial r^2}-rP\right]\hat{f}=0.$$

$$(3.2.12)$$

可以确定偏微分方程[式(3.1.16)]和

$$P(t,\ T)=1$$

的解的形式为

$$P(r,\ t)=A(t)\mathrm{e}^{-rB(t)},\tag{3.2.13}$$

其中，

$$A(t)=\exp\left[\frac{1}{\kappa^2}[B(t)-(T-t)]\left(\kappa^2\theta-\frac{\sigma^2}{2}\right)-\frac{\sigma^2}{4\kappa}B^2(t)\right],\tag{3.2.14}$$

$$B(t)=\frac{1-\mathrm{e}^{-\kappa(T-t)}}{\kappa}.\tag{3.2.15}$$

因此，给定式(3.1.5)的σ_P，则有

$$\frac{1}{P}\frac{\partial P}{\partial r}=-B(t)=\frac{1}{\sigma}\sigma_P.\tag{3.2.16}$$

使用式(3.2.16)，以及

$$\frac{\partial^2\hat{f}}{\partial y\partial V}=\frac{\partial^2\hat{f}}{\partial V\partial y},$$

并且基于式(3.2.12)中的最后两行的值为0[从式(3.1.16)中可以看出来]，得到三维偏微分方程[式(3.2.2)]。因此，定理3.2.1证毕。

进一步使用变量转换将三维偏微分方程[式(3.2.1)]降维至二维偏微分方程的定理总结如下。

定理3.2.2：使用变量转换

$$\hat{f}(y,\ V,\ \xi)=P^{\lambda-1}y^{\lambda}Ve^{g(V,\xi)},\tag{3.2.17}$$

三维偏微分方程[式(3.2.1)]及其边界条件[式(3.2.2)]转换为

$$V^2\frac{\partial g}{\partial\xi}+(\tilde{\alpha}+\beta^2\eta^2)\frac{\partial g}{\partial V}+\frac{\tilde{\alpha}}{V}+\frac{1}{2}\beta^2\eta^2\left[V\frac{\partial^2 g}{\partial V^2}+V\left(\frac{\partial g}{\partial V}\right)2\right]+\frac{\lambda(\lambda-1)}{2}[\sigma_P^2-2\rho_2\sigma_P P\sqrt{V}+V]V=0,$$

$$(3.2.18)$$

以及

$$g(V,\ B)=-\ln V,\tag{3.2.19}$$

其中,

$$\tilde{\alpha}=V(\alpha+\lambda\rho_1\eta\beta\sqrt{V})+(1-\lambda)\rho_3\eta\beta(V)\sigma_P V.\tag{3.2.20}$$

证明： 令

$$\hat{f}(y,\ V,\ \xi)=P^{\lambda-1}y^\lambda V\mathrm{e}^{g(V,\xi)}.\tag{3.2.21}$$

并且

$$g(V,\ B)=-\ln V,$$

算得

$$\begin{cases}\dfrac{\partial\hat{f}}{\partial\xi}=P^{\lambda-1}y^\lambda V\mathrm{e}^{g(V,\xi)}\dfrac{\partial g}{\partial\xi},\\[3mm]\dfrac{\partial\hat{f}}{\partial V}=P^{\lambda-1}y^\lambda\left(1+V\dfrac{\partial g}{\partial V}\right)\mathrm{e}^{g(V,\xi)}.\end{cases}\tag{3.2.22}$$

$$\begin{cases}\dfrac{\partial^2\hat{f}}{\partial y\partial V}=P^{\lambda-1}\lambda y^{\lambda-1}\left(1+V\dfrac{\partial g}{\partial V}\right)\mathrm{e}^{g(V,\xi)},\\[3mm]\dfrac{\partial^2\hat{f}}{\partial y^2}=\lambda(\lambda-1)P^{\lambda-1}y^{\lambda-2}V\mathrm{e}^{g(V,\xi)},\\[3mm]\dfrac{\partial^2\hat{f}}{\partial V^2}=P^{\lambda-1}y^\lambda\left[2\dfrac{\partial g}{\partial V}+V\dfrac{\partial^2 g}{\partial V^2}+V\left(\dfrac{\partial g}{\partial V}\right)2\right]\mathrm{e}^{g(V,\xi)}.\end{cases}\tag{3.2.23}$$

将式(3.2.22)和式(3.2.23)代入式(3.2.2)得到式(3.2.18)。因此，定理3.2.2证毕。

接下来使用扰动法（Perturbation Method）求解两维非线性偏微分方程[式(3.2.18)]。过程如下：将式(3.2.18)及其边界条件式(3.2.19)以解的形式写成下列形式：

$$g(V,\ \xi)\approx\tilde{g}(V,\ \xi)+\eta^2 J(V,\ \xi)\tag{3.2.24}$$

作为零阶解的 η，方程 $\tilde{g}(V,\ \xi)$ 满足

$$V^2\frac{\partial\tilde{g}}{\partial\xi}+(\tilde{\alpha}+\beta^2\eta^2)\frac{\partial\tilde{g}}{\partial V}+\frac{\tilde{\alpha}}{V}+\frac{\lambda(\lambda-1)}{2}[\sigma_P^2-2\rho_2\sigma_P P\sqrt{V}+V]V=0,\tag{3.2.25}$$

并且边界条件

$$\tilde{g}(V,\ B)=-\ln V.$$

解决式(3.2.25)之后，偏微分方程 $J(V, \xi)$ 的一阶偏微分方程为

$$V^2 \frac{\partial J}{\partial \xi} + (\widetilde{\alpha} + \beta^2 \eta^2) \frac{\partial J}{\partial V} + \frac{1}{2} \beta^2 \left[V \frac{\partial^2 \widetilde{g}}{\partial V^2} + V \left(\frac{\partial \widetilde{g}}{\partial V} \right)^2 \right] = 0, \qquad (3.2.26)$$

并且边界条件为

$$J(V, B) = 0.$$

需要注意的是省略了高阶项 $O(\eta^4)$。一阶线性式(3.2.25)和式(3.2.26)及其边界条件的解能够使用特征函数方法求解。

定理 3.2.3：令

$$\epsilon = \psi^{-1}(\psi(V_0) + B), \qquad (3.2.27)$$

其中，B 为预先确定的方差阈值(Pre-specified Variance Budget)，V_0 为零时刻的波动率。并且方程 ψ 满足

$$\psi'(x) = \frac{x^2}{\widetilde{\alpha}(x) + \eta^2 \beta^2(x)}. \qquad (3.2.28)$$

因此，式(3.2.25)和边界条件 $\widetilde{g}(V, B) = -\ln V$ 的解如下：

$$\widetilde{g}(V, \xi) = \varphi(V, \epsilon), \qquad (3.2.29)$$

其中，

$$\varphi(V, \epsilon) = -\ln\epsilon - \int_{\epsilon}^{V} \frac{\widetilde{\alpha}(u)}{u(\widetilde{\alpha}(u) + \eta^2 \beta^2(u))} du -$$

$$\frac{\lambda(\lambda-1)}{2} \int_{\epsilon}^{V} \frac{\left[\sigma_P^2 - 2\rho_2 \sigma_P P\sqrt{u} + u \right] u}{\widetilde{\alpha}(u) + \eta^2 \beta^2(u)} du, \qquad (3.2.30)$$

并且式(3.2.26)和边界条件：

$$J(V, B) = 0,$$

解决如下：

$$J(V, \xi) = \phi(V, \epsilon), \qquad (3.2.31)$$

其中，

$$\phi(V, \epsilon) = -\frac{1}{2} \int_{\epsilon}^{V} \frac{u\beta^2(u)}{\widetilde{\alpha}(u) + \eta^2 \beta^2(u)} \left[\frac{\partial^2 \varphi}{\partial u^2}(u, \epsilon) + \left(\frac{\partial \varphi}{\partial u}(u, \epsilon)^2 \right) \right] du.$$

$$= \frac{1}{2} \int_{\epsilon}^{V} \frac{\beta^2(u) \left[2\widetilde{\alpha}^2(u) + \eta^2 \widetilde{\alpha}(u)\beta^2(u) + 2\eta^2 u\widetilde{\alpha}(u)\beta'(u)\beta(u) - \eta^2 u\widetilde{\alpha}'(u)\beta^2(u) \right]}{u\left[\widetilde{\alpha}(u) + \eta^2 \beta^2(u) \right]^3} du. \qquad (3.2.32)$$

最终，随机利率模型下的时间期权的定价公式如下：

$$f(S,\ V,\ \xi,\ r)=S^{\lambda}Ve^{g(V,\xi)},\ \lambda>1,\ t\leqslant T, \tag{3.2.33}$$

证明： 将式（3.2.25）写成下列形式：

$$\frac{\partial\widetilde{g}}{\partial\xi}+\frac{\widetilde{\alpha}+\beta^2\eta^2}{V^2}\frac{\partial\widetilde{g}}{\partial V}+\frac{\widetilde{\alpha}}{V^3}+\frac{\lambda(\lambda-1)}{2}\frac{\sigma_P^2-2\rho_2\sigma_P P\sqrt{V}+V}{V}=0 \tag{3.2.34}$$

为偏微分方程［式（3.2.34）］定义特征函数$(\xi,\ V(\xi))$为

$$\frac{\mathrm{d}V}{\mathrm{d}\xi}=\frac{\widetilde{\alpha}+\eta^2\beta^2}{V^2}, \tag{3.2.35}$$

并且

$$V(0)=V_0,$$

令

$$G(\xi)=\widetilde{g}(V(\xi),\ \xi),$$

则

$$\frac{\mathrm{d}G}{\mathrm{d}\xi}=\frac{\partial\widetilde{g}}{\partial\xi}+\frac{\partial\widetilde{g}}{\partial V}$$

$$\frac{\mathrm{d}V}{\mathrm{d}\xi}=\frac{\partial\widetilde{g}}{\partial\xi}+\frac{\partial\widetilde{g}}{\partial V}\frac{\widetilde{\alpha}}{V}+\frac{\eta^2\beta^2}{V^2}. \tag{3.2.36}$$

使用偏微分方程［式（3.2.25）］，可得

$$\frac{\mathrm{d}G}{\mathrm{d}\xi}=-\frac{\widetilde{\alpha}}{V^3}-\frac{\lambda(\lambda-1)}{2}\frac{\sigma_P^2-2\rho_2\sigma_P P\sqrt{V}+V}{V}, \tag{3.2.37}$$

以及条件

$$G(B)=\widetilde{g}(B,\ V(B))$$

$$=-\ln V(B)$$

$$=-\ln\epsilon,$$

其中，ϵ 为 $V(B)$。将式（3.2.37）两边同时积分得

$$\int_{G(B)}^{G(\xi)}\mathrm{d}G=-\int_B^{\xi}\frac{\widetilde{\alpha}(V(\tau))}{V^3(\tau)}\mathrm{d}\tau-\frac{\lambda(\lambda-1)}{2}\int_B^{\xi}\frac{\sigma_P^2-2\rho_2\sigma_P P\sqrt{V(\tau)}+V(\tau)}{V(\tau)}\mathrm{d}\tau,$$

从而

$$G(\xi) = -\ln\epsilon - \int_B^\xi \frac{\widetilde{\alpha}(V(\tau))}{V^3(\tau)}d\tau - \frac{\lambda(\lambda-1)}{2}\int_B^\xi \frac{\sigma_P^2 - 2\rho_2\sigma_P P\sqrt{V(\tau)} + V(\tau)}{V(\tau)}d\tau$$

$$(3.2.38)$$

使用式(3.2.35)计算式(3.2.38)中的积分如下：

$$\int_B^\xi \frac{\widetilde{\alpha}(V(\tau))}{V^3(\tau)}d\tau + \frac{\lambda(\lambda-1)}{2}\int_B^\xi \frac{\sigma_P^2 - 2\rho_2\sigma_P P\sqrt{V(\tau)} + V(\tau)}{V(\tau)}d\tau$$

$$= \int_\epsilon^{V(\xi)} \frac{\widetilde{\alpha}(V(\tau))}{V^3(\tau)}\frac{1}{V'(\tau)}dV(\tau) +$$

$$\frac{\lambda(\lambda-1)}{2}\int_\epsilon^{V(\xi)} \frac{\sigma_P^2 - 2\rho_2\sigma_P P\sqrt{V(\tau)} + V(\tau)}{V(\tau)}\frac{1}{V'(\tau)}dV(\tau)$$

$$= \int_\epsilon^{V(\xi)} \frac{\widetilde{\alpha}(V(\tau))}{V^3(\tau)}\frac{V^2(\tau)}{\widetilde{\alpha}(V(\tau)) + \eta^2(\beta(V(\tau)))^2}dV(\tau) +$$

$$\frac{\lambda(\lambda-1)}{2}\int_\epsilon^{V(\xi)} \frac{\sigma_P^2 - 2\rho_2\sigma_P P\sqrt{V(\tau)} + V(\tau)}{V(\tau)}\frac{V^2(\tau)}{\widetilde{\alpha}(V(\tau)) + \eta^2\beta^2(V(\tau))}dV(\tau)$$

$$= \int_\epsilon^{V(\xi)} \frac{\widetilde{\alpha}(u)}{u(\widetilde{\alpha}(u) + \eta^2(\beta(u))^2)}du + \frac{\lambda(\lambda-1)}{2}\int_\epsilon^{V(\xi)} \frac{[\sigma_P^2 - 2\rho_2\sigma_P P\sqrt{u} + u]u}{\widetilde{\alpha}(u) + \eta^2(\beta(u))^2}du$$

$$\equiv \varphi(V, \epsilon) \qquad (3.2.39)$$

因而得到

$$\widetilde{g}(V, \xi) = G(\xi) = \varphi(V, \epsilon).$$

另一个任务是计算 ϵ 的价值。令

$$\psi'(u) = \frac{u^2}{\widetilde{\alpha}(u) + \eta^2(\beta(u))^2}.$$

然后式(3.2.35)的积分为

$$\int_{V_0}^{V(\xi)} \frac{u^2}{\widetilde{\alpha}(u) + \eta^2(\beta(u))^2}du = \int_0^\xi d\tau = \xi,$$

并且

$$\psi(V(\xi)) - \psi(V_0) = \xi.$$

令

$$\xi = B,$$

并且注意到

$$\epsilon \equiv V(B),$$

然后

$$\epsilon = \psi^{-1}(\psi(V_0) + B).$$

因此得到式（3.2.29）和式（3.2.30）。

现在证明定理中的式（3.2.31）和式（3.2.32）。重写式（3.2.26）得

$$\frac{\partial J}{\partial \xi} + \frac{\widetilde{\alpha} + \eta^2 \beta^2}{V^2}\frac{\partial J}{\partial V} + \frac{1}{2}\frac{\beta^2}{V}\left[\frac{\partial^2 \widetilde{g}}{\partial V^2} + \left(\frac{\partial \widetilde{g}}{\partial V}\right)^2\right] = 0. \tag{3.2.40}$$

根据式（3.2.35）定义的特征函数，将 J 写成特征函数形式

$$\widetilde{J}(\xi) = J(V(\xi), \xi),$$

因此式（3.2.40）可以写成

$$\frac{d\widetilde{J}(\xi)}{d\xi} = -\frac{1}{2}\frac{\beta^2}{V}\left[\frac{\partial^2 \widetilde{g}}{\partial V^2} + \left(\frac{\partial \widetilde{g}}{\partial V}\right)^2\right] = -\frac{1}{2}\frac{\beta^2}{V}\left[\frac{\partial^2 \widetilde{\varphi}}{\partial V^2}(V, \epsilon) + \left(\frac{\partial \widetilde{\varphi}}{\partial V}(V, \epsilon)\right)^2\right]. \tag{3.2.41}$$

然后将式（3.2.41）两边同时积分并且使用

$$\widetilde{J}(0) = 0,$$

得到

$$\begin{aligned}
\widetilde{J}(\xi) &= -\frac{1}{2}\int_B^\xi \frac{(\beta(V(\tau)))^2}{V(\tau)}\left[\frac{\partial^2 \widetilde{\varphi}}{\partial V^2}(V(\tau), \epsilon) + \left(\frac{\partial \widetilde{\varphi}}{\partial V}(V(\tau), \epsilon)\right)2\right]d\tau \\
&= -\frac{1}{2}\int_\epsilon^{V(\xi)} \frac{(\beta(V(\tau)))^2}{V(\tau)}\left[\frac{\partial^2 \widetilde{\varphi}}{\partial V^2}(V(\tau), \epsilon) + \left(\frac{\partial \widetilde{\varphi}}{\partial V}(V(\tau), \epsilon)\right)2\right]\frac{1}{V'(\tau)}dV(\tau) \\
&= -\frac{1}{2}\int_\epsilon^{V(\xi)} \frac{(\beta(u))^2}{u}\left[\frac{\partial^2 \widetilde{\varphi}}{\partial u^2}(u, \epsilon) + \left(\frac{\partial \widetilde{\varphi}}{\partial u}(u, \epsilon)\right)^2\right]\frac{u^2}{\widetilde{\alpha}(u) + \eta^2(\beta(u))^2}du \\
&\equiv \varphi(V, \epsilon). \tag{3.2.42}
\end{aligned}$$

因此得到定理中的式（3.2.31）和式（3.2.32）。最后使用式（3.2.24）和转换式（3.2.1）及式（3.2.17），得到看涨期权价值的近似式（3.2.33）。至此定理3.2.3 证毕。

最终，随机利率模型下的时间期权的定价公式如下：

$$f(S, V, \xi, r) = S^\lambda V e^{g(V, \xi)}, \quad \lambda > 1, \quad t \leq T,$$

其中，P 的值由式（3.2.13）给出，并且

$$g(V, \xi) \approx \varphi(V, \epsilon) + \eta^2 \phi(V, \epsilon).$$

以及 φ 和 ϕ 的值由式(3.2.30)和式(3.2.32)给出。η 是一个给定的数值较小的值。在式(3.2.33)中，如果逆函数 ψ^{-1} 有显性表达式，ϵ 能够使用式(3.2.27)算出来。然而，在大多数情况下，ψ^{-1} 没有显性表达式，在这种情况下，可以使用牛顿迭代方法来解决，即

$$\psi(\epsilon) = \psi(V_0) + B,$$

以得到 ϵ 的数值解。

在一些特殊的随机波动率模型中，如 Heston 随机波动率模型或者 Hull-White 随机波动率模型，ψ、φ 和 ϕ 的值能够直接通过公式计算出来。

3.3 在 Heston 模型下的时间期权定价算法应用

3.3.1 近似解析解公式

首先，定义参数和一般形式[式(3.1.2)]中的函数如下：

$$\alpha(V) = \mu(\omega - V), \quad \beta(V) = \sqrt{V}, \tag{3.3.1}$$

其中，常数 μ 和 ω 满足常用的 Feller 条件

$$2\mu\omega > \eta^2,$$

并且假设

$$\rho_1\eta - \mu < 0,$$

其中，ρ_1 是在设定模型(3.1.1)至模型(3.1.3)的两个布朗运动 W_t^1 和 W_t^2 之间的相关系数。

则式(3.1.1)、式(3.1.2)和式(3.1.3)转换成

$$dS_t = r_t S_t dt + \sqrt{V_t} S_t dW_t^1, \tag{3.3.2}$$

$$dV_t = \mu(\omega - V_t) dt + \eta\sqrt{V_t} dW_t^2, \tag{3.3.3}$$

$$dr_t = \kappa(\theta - r_t) dt + \sigma dW_t^3. \tag{3.3.4}$$

根据式(3.3.1),式(3.2.20)中的 $\tilde{\alpha}$ 定义为

$$\tilde{\alpha}(V) = \mu\omega V + (\lambda\rho_1\eta - \mu)V^2 + (1-\lambda)\rho_3\eta\sigma_P V^{3/2},\qquad (3.3.5)$$

并且式(3.2.28)的定义 ψ 为

$$\psi'(x) = \frac{x}{(\mu\omega + \mu^2) + (\lambda\rho_1\eta - \mu)x + (1-\lambda)\rho_3\eta\sigma_P\sqrt{x}}$$

$$= \frac{x}{D_1 + D_2 x + D_3\sqrt{x}},$$

其中,

$$D_1 \equiv \mu\omega + \eta^2,$$

$$D_2 \equiv \lambda\rho_1\eta - \mu,$$

$$D_3 \equiv (1-\lambda)\rho_3\eta\sigma_P.$$

该方程解为

$$\psi(x) = \frac{1}{D_2}x + \frac{1}{D_2^3}\left[-2D_2 D_3\sqrt{x} + (D_3^2 - D_1 D_2\ln|D_1 + D_2 x + D_3\sqrt{x}|)\right] -$$

$$\frac{(3D_1 D_2 - D_3^2)D_3}{D_2^3\sqrt{D_3^2 - 4D_1 D_2}}\ln\left|\frac{2D_2\sqrt{x} + D_3 + \sqrt{D_3^2 - 4D_1 D_2}}{2D_2\sqrt{x} + D_3 - \sqrt{D_3^2 - 4D_1 D_2}}\right|. \qquad (3.3.6)$$

使用定理 3.1.4 及基础性的计算,得到 g 近似公式:

$$g(V, \xi) \approx \varphi(V, \epsilon) + \eta^2\phi(V, \epsilon),\qquad (3.3.7)$$

其中,

$$\varphi(V, \epsilon) = -\ln\epsilon - \int_\epsilon^V \frac{\mu\omega + (\lambda\rho_1\eta - \mu)x + (1-\lambda)\rho_3\eta\sigma_P\sqrt{x}}{x[\mu\omega + \eta^2 + (\lambda\rho_1\eta - \mu)x + (1-\lambda)\rho_3\eta\sigma_P\sqrt{x}]}\mathrm{d}x -$$

$$\frac{\lambda(\lambda-1)}{2}\int_\epsilon^V \frac{\sigma_P^2 - 2\rho_2\sigma_P P\sqrt{x} + x}{\mu\omega + \eta^2 + (\lambda\rho_1\eta - \mu)x + (1-\lambda)\rho_3\eta\sigma_P\sqrt{x}}\mathrm{d}x$$

$$= -\ln\epsilon - \int_\epsilon^V \frac{\mu\omega + D_2 x + D_3\sqrt{x}}{x[D_1 + D_2 x + D_3\sqrt{x}]}\mathrm{d}x - \frac{\lambda(\lambda-1)}{2}\int_\epsilon^V \frac{\sigma_P^2 - 2\rho_2\sigma_P P\sqrt{x} + x}{D_1 + D_2 x + D_3\sqrt{x}}\mathrm{d}x$$

$$= -\ln\epsilon - \frac{2\mu\omega}{D_1}\ln\left|\sqrt{\frac{V}{\epsilon}}\right| - \frac{\lambda(\lambda-1)}{2D_2}(V - \epsilon) +$$

$$\frac{\lambda(\lambda-1)}{2}\left(\frac{2D_3}{D_2^2} + \frac{4\rho_2\sigma_P P}{D_2}\right)(\sqrt{V} - \sqrt{\epsilon}) + \chi_1\ln\left|\frac{D_1 + D_2 V + D_3\sqrt{V}}{D_1 + D_2 V + D_3\sqrt{\epsilon}}\right| +$$

$$\chi_2 \ln \left| \left[\frac{2D_2\sqrt{V} + D_3 + \sqrt{D_3^2 - 4D_1D_2}}{2D_2\sqrt{V} + D_3 - \sqrt{D_3^2 - 4D_1D_2}} \right] \left[\frac{2D_2\sqrt{\epsilon} + D_3 - \sqrt{D_3^2 - 4D_1D_2}}{2D_2\sqrt{\epsilon} + D_3 + \sqrt{D_3^2 - 4D_1D_2}} \right] \right|,$$

$$(3.3.8)$$

其中，

$$\chi_1 \equiv \frac{\mu\omega}{D_1} - 1 - \frac{\lambda(\lambda-1)}{2} \left[\frac{\sigma_P^2}{D_2} - \frac{D_1}{D_2^2} + \frac{D_3^2}{D_2^3} + \frac{2\rho_2\sigma_P P D_3}{D_2^2} \right],$$

$$\chi_2 \equiv \left\{ \frac{3D_3}{2} - \frac{\lambda(\lambda-1)}{2} \left[D_3 \left(\frac{\sigma_P^2}{D_2} - \frac{D_1}{D_2^2} \right) - \left(\frac{2D_3}{D_2^2} + \frac{4\rho_2\sigma_P P}{D_2} \right) \left(D_1 - \frac{D_3^2}{2D_2} \right) \right] \right\} \frac{1}{\sqrt{D_3^2 - 4D_1D_2}},$$

以及

$$\phi(V, \epsilon) = \frac{1}{2} \int_\epsilon^V \frac{2[\mu\omega + (\lambda\rho_1\eta - \mu)x + (1-\lambda)\rho_3\eta\sigma_P\sqrt{x}]}{x[\mu\omega + \eta^2 + (\lambda\rho_1\eta - \mu)x + (1-\lambda)\rho_3\eta\sigma_P\sqrt{x}]^2} dx +$$

$$\frac{\eta^2}{2} \int_\epsilon^V \frac{\mu\omega + 2(\lambda\rho_1\eta - \mu)x + \frac{3}{2}(1-\lambda)\rho_3\eta\sigma_P\sqrt{x}}{x[\mu\omega + \eta^2 + (\lambda\rho_1\eta - \mu)x + (1-\lambda)\rho_3\eta\sigma_P\sqrt{x}]^3} dx$$

$$= -\frac{1}{2} \int_\epsilon^V \frac{2[\mu\omega + D_2 x + D_3\sqrt{x}]}{x[D_1 + D_2 x + D_3\sqrt{x}]^2} dx + \frac{\eta^2}{2} \int_\epsilon^V \frac{\mu\omega + 2D_2 x + \frac{3}{2}D_3\sqrt{x}}{x[D_1 + D_2 x + D_3\sqrt{x}]^3} dx$$

$$= \frac{1}{4} \left(-\frac{1}{D_1^3} \left(-\frac{D_1^2(-8D_1^2D_2 + 3D_1D_3^2 + 2D_1D_2D_3\sqrt{\epsilon} + 4D_1D_2\mu\omega - 2D_3^2\mu\omega - 2D_2D_3\sqrt{\epsilon}\mu\omega)\eta^2}{(-4D_1D_2 + D_3^2)(D_1 + D_3\sqrt{\epsilon} + D_2\epsilon)^2} + \right. \right.$$

$$2D_1(32D_1^4D_2^2 - 24D_1^3D_2D_3^2 + 4D_1^2D_3^4 - 16D_1^3D_2^2D_3\sqrt{\epsilon} + 4D_1^2D_2D_3^3\sqrt{\epsilon} -$$

$$32D_1^3D_2^2\mu\omega + 24D_1^2D_2D_3^2\mu\omega - 4D_1D_3^4\mu\omega + 16D_1^2D_2^2D_3\sqrt{\epsilon}\mu\omega - 4D_1D_2D_3^3\sqrt{\epsilon}\mu\omega +$$

$$3D_1^2D_2D_3^2\eta^2 + 6D_1^2D_2^2D_3\sqrt{\epsilon}\eta^2 + 16D_1^2D_2^2\mu\omega\eta^2 - 15D_1D_2D_3^2\mu\omega\eta^2 + 2D_3^4\mu\omega\eta^2 -$$

$$14D_1D_2^2D_3\sqrt{\epsilon}\mu\omega\eta^2 + 2D_2D_3^3\sqrt{\epsilon}\mu\omega\eta^2)/(-4D_1D_2 + D_3^2)^2(D_1 + D_3\sqrt{\epsilon} +$$

$$D_2\epsilon) + 1/(-4D_1D_2 + D_3^2)^{\frac{5}{2}} 4D_3(-16D_1^4D_2^2 + 4D_1^3D_2D_3^2 + 48D_1^3D_2^2\mu\omega -$$

$$20D_1^2D_2D_3^2\mu\omega + 2D_1D_3^4\mu\omega + 6D_1^3D_2^2\eta^2 - 30D_1^2D_2D_3^2\eta^2 + 10D_1D_2D_3^2\mu\omega\eta^2 -$$

$$D_3^4\mu\omega\eta^2)$$

$$\text{Arctanh}\left[\frac{-D_3-2D_2\sqrt{\epsilon}}{\sqrt{-4D_1D_2+D_3^2}}\right]-2\mu\omega(2D_1-\eta^2)\log N(\epsilon)+2\mu\omega(2D_1-\eta^2)\log(D_1+D_3\sqrt{\epsilon}+$$

$$D_2\epsilon)+\frac{1}{D_1^3}\left(-\frac{D_1^2(-8D_1^2D_2+3D_1D_3^2+2D_1D_2D_3\sqrt{V}+4D_1D_2\mu\omega-2D_3^2\mu\omega-2D_2D_3\sqrt{V}\mu\omega)\eta^2}{(-4D_1D_2+D_3^2)(D_1+D_3\sqrt{V}+D_2V)^2}+\right.$$

$$2D_1(32D_1^4D_2^2-24D_1^3D_2D_3^2+4D_1^2D_3^4-16D_1^3D_2^2D_3\sqrt{V}+4D_1^2D_2D_3^3\sqrt{V}-32D_1^3D_2^2\mu\omega+$$

$$24D_1^2D_2D_3^2\mu\omega-4D_1D_3^4\mu\omega+16D_1^2D_2^2D_3\sqrt{V}\mu\omega-4D_1D_2D_3^3\sqrt{V}\mu\omega+3D_1^2D_2D_3^2\eta^2+$$

$$6D_1^2D_2^2D_3\sqrt{V}\eta^2+16D_1^2D_2^2\mu\omega\eta^2-15D_1D_2D_3^2\mu\omega\eta^2+2D_3^4\mu\omega\eta^2-14D_1D_2^2D_3\sqrt{V}\mu\omega\eta^2+$$

$$2D_2D_3^3\sqrt{V}\mu\omega\eta^2)/(-4D_1D_2+D_3^2)^2(D_1+D_3\sqrt{V}+D_2V))+1/(-4D_1D_2+D_3^2)^{\frac{5}{2}}$$

$$4D_3(-16D_1^4D_2^2+4D_1^3D_2D_3^2+48D_1^3D_2^2\mu\omega-20D_1^2D_2D_3^2\mu\omega+2D_1D_3^4\mu\omega+6D_1^3D_2^2\eta^2-$$

$$30D_1^2D_2^2\mu\omega\eta^2+10D_1D_2D_3^2\mu\omega\eta^2-D_3^4\mu\omega\eta^2)$$

$$\text{Arctanh}\left[\frac{-D_3-2D_2\sqrt{V}}{\sqrt{-4D_1D_2+D_3^2}}\right]-2\mu\omega(2D_1-\eta^2)\log(V)+2\mu\omega(2D_1-\eta^2)\log(D_1+D_3\sqrt{V}+D_2V).$$

$$(3.3.9)$$

其中，Arctanh( ) 为反双曲正切函数。

最后使用定理 3.2.3 中的式（3.2.33），得到在 Heston 模型下定价时间期权的近似公式。

3.3.2 数值算例及敏感性分析

这一部分应用前文推导出来的 Heston 模型下的时间期权定价公式，并与蒙特卡罗模拟值相比较。

假设一个多维正态随机变量 $N(\boldsymbol{\mu}，\boldsymbol{\Sigma})$，其中 $\boldsymbol{\mu}$ 为均值向量，$\boldsymbol{\Sigma}$ 为协方差矩阵。协方差矩阵可以通过单个正态随机变量的方差 σ_i^2 与相关系数 ρ_{ij} 生成如下：

$$\boldsymbol{\Sigma}=\begin{pmatrix}\sigma_1 & & & \\ & \sigma_2 & & \\ & & \ddots & \\ & & & \sigma_d\end{pmatrix}\begin{pmatrix}\rho_{11} & \rho_{12} & \cdots & \rho_{1d} \\ \rho_{12} & \rho_{22} & & \rho_{2d} \\ \vdots & & \ddots & \vdots \\ \rho_{1d} & \rho_{2d} & \cdots & \rho_{dd}\end{pmatrix}\begin{pmatrix}\sigma_1 & & & \\ & \sigma_2 & & \\ & & \ddots & \\ & & & \sigma_d\end{pmatrix}.$$

如果 $Z\sim N(0，I)$，并且 $X=\boldsymbol{\mu}+AZ$，则 $X\sim N(\boldsymbol{\mu}，AA^{\mathrm{T}})$。因此，产生一组独

立的标准正态分布变量 Z_1，Z_2，$\cdots$，Z_d，从而组成一个向量 $\boldsymbol{Z} \sim N(0, \boldsymbol{I})$。产生多维变量 X 服从 $N(\boldsymbol{\mu}, \boldsymbol{\Sigma})$ 的问题就转换成找到一个矩阵 $\boldsymbol{A}$，使 $\boldsymbol{A}\boldsymbol{A}^{\mathrm{T}} = \boldsymbol{\Sigma}$。

使用 Cholesky Factorization 模拟多维随机路径。在所有的 $\boldsymbol{A}$ 中，可以得到如下等式：

$$X_1 = \mu_1 + A_{11}Z_1$$
$$X_2 = \mu_2 + A_{21}Z_1 + A_{22}Z_2$$
$$\vdots$$
$$X_d = \mu_d + A_{d1}Z_1 + A_{d2}Z_2 + \cdots + A_{dd}Z_d.$$

对于一个 d 维的协方差矩阵 $\boldsymbol{\Sigma}$，

$$\boldsymbol{\Sigma} = \begin{pmatrix} A_{11} & 0 & 0 & 0 \\ A_{12} & A_{22} & 0 & 0 \\ \vdots & \vdots & \ddots & 0 \\ A_{1d} & A_{2d} & \cdots & A_{dd} \end{pmatrix} \begin{pmatrix} A_{11} & 0 & 0 & 0 \\ A_{12} & A_{22} & 0 & 0 \\ \vdots & \vdots & \ddots & 0 \\ A_{1d} & A_{2d} & \cdots & A_{dd} \end{pmatrix}^{\mathrm{T}}$$

令 $j = 1, 2, \cdots, d$ 并且 $i = j, \cdots, d$，则

$$A_{11}^2 = \Sigma_{11}$$
$$A_{21}A_{11} = \Sigma_{21}$$
$$\vdots$$
$$A_{d1}A_{11} = \Sigma_{d1}$$
$$A_{21}^2 + A_{22}^2 = \Sigma_{22}$$
$$\vdots$$
$$A_{d1}^2 + A_{d2}^2 + \cdots + A_{dd}^2 = \Sigma_{dd}.$$

即

$$\Sigma_{ij} = \sum_{k=1}^{j} A_{ik}A_{jk}, \quad j \leqslant i,$$

通过计算，可得

$$A_{ij} = \frac{\left(\Sigma_{ij} - \sum_{k=1}^{j-1} A_{ik}A_{jk}\right)}{A_{jj}}, \quad j < i,$$

以及

$$A_{ii} = \sqrt{\Sigma_{ii} - \sum_{k=1}^{i-1} A_{ik}^2}.$$

考虑一个三维随机正态分布变量，并且根据本书中的参数设定，以及

$$\sigma_1 = \sigma_2 = \sigma_3 = 1,$$

$$\rho_{11} = \rho_{22} = \rho_{33} = 1,$$

$$\rho_{12} = \rho_3, \quad \rho_{13} = \rho_2, \quad \rho_{23} = \rho_1,$$

则

$$A = \begin{pmatrix} 1 & 0 & 0 \\ \rho_3 & \sqrt{1-\rho_3^2} & 0 \\ \rho_2 & \dfrac{\rho_1-\rho_2\rho_3}{\sqrt{1-\rho_3^2}} & \sqrt{\dfrac{1-\rho_1^2-\rho_2^2-\rho_3^2+2\rho_1\rho_2\rho_3}{1-\rho_3^2}} \end{pmatrix}.$$

则式(3.3.2)、式(3.3.3)和式(3.3.4)转换成

$$dS_t = r_t S_t dt + \sqrt{V_t} S_t (A_{31} dZ_t^1 + A_{32} dZ_t^2 + A_{33} dZ_t^3),$$

$$dV_t = \mu(\omega - V_t) dt + \eta \sqrt{V_t} (A_{21} dZ_t^1 + A_{22} dZ_t^2),$$

$$dr_t = \kappa(\theta - r_t) dt + \sigma dZ_t^1.$$

其中，Z_t^1、Z_t^2、Z_t^3 均为独立的标准正态分布随机变量。使用欧拉离散之后即能通过蒙特卡罗模拟算法计算时间期权的价值。在使用蒙特卡罗模拟算法时，需要将有效时间分段，若有效时间为$[0, T]$，将其分为 m 段，则

$$[t_i, t_{i+1}], \quad t_i = ih, \quad h = \frac{T}{m}, \quad i = 0, 1, \cdots, m.$$

式(3.1.7)则可以近似地计算为

$$\xi_{t_i} \approx h\left[\frac{1}{2}(V_0 + V_{t_i}) + \sum_{j=1}^{i-1} V_{t_j}\right].$$

累积波动率 ξ_{t_i} 在每个时刻上与预先设定的阈值 B 相比较。首次达到 $\xi_{t_i} \geqslant B$ 时就是式(3.1.6)中的 τ。上述过程也适用于 Hull-White 模型的蒙特卡罗模拟算法。最后使用相对误差值来表示近似公式结果(Formula)和蒙特卡罗模拟算法结果(MC)之间的误差，相对误差 Error 定义为

$$\text{Error} = \left|\frac{\text{Formula} - \text{MC}}{\text{Formula}}\right|.$$

接下来，通过在不同相关系数 ρ_1、ρ_2 及 ρ_3 的情况下比较近似公式结果（Formula）和蒙特卡罗模拟算法结果（MC），结果分别呈现在表 3-1 至表 3-3 中。同时，将这两个算法计算所费时间列于相应表格中［时间单位为秒（s）］，在英特尔酷睿双核 CPU 处理器下使用 Matlab 软件，通过近似公式计算，大概需要花费 0.2s 计算出一个时间期权的近似价值，通过蒙特卡罗模拟算法（离散时间步数为 300 步，模拟路径为 200000 条）需要花费 57s 左右来计算。数据显示，这种近似解析解算法比蒙特卡罗模拟算法最高快 1000 倍，平均快 300 倍。然后，由于其中包含了利率风险，测算在不同的 κ 和 θ 的值得情况下的对比，并分析时间期权对于利率因子的敏感性，结果分别呈现在表 3-4 和表 3-5 中。

在表 3-1 中，计算当 $\rho_2 = -0.3$ 时，Heston 模型下存在利率风险的时间期权价值，参考 Bernard（2011）的参数设置，其他参数为

$S_0 = 100$，$V_0 = 0.0625$，$B = 0.0265$，$\mu = 2$，$\omega = 0.0324$，

$\sigma = 0.1$，$r_0 = 0.04$，$T = 1$，$\kappa = 1$，$\theta = 0.04$，$\eta = 0.000625$，

以及针对参数 λ、ρ_1、ρ_3 几种不同的选择值。从表 3-1 可以看出，近似公式结果与蒙特卡罗模拟值一致，并且计算速度快 200 多倍。

表 3-1　Heston 模型下近似公式数值结果与蒙特卡罗模拟结果（MC）比较（一）

	参数	近似公式结果	MC	Error
$\lambda = 1.01$	$\rho_1 = 0.5$，$\rho_3 = -0.8$	104.7230	104.7906	6.46E-04
	时间（s）	0.2946	56.9477	
	$\rho_1 = -0.5$，$\rho_3 = 0.8$	104.7233	104.7347	1.09E-04
	时间（s）	0.2517	56.7958	
	$\rho_1 = -0.5$，$\rho_3 = 0$	104.7232	104.7790	5.33E-04
	时间（s）	0.1241	57.5652	
	$\rho_1 = 0.5$，$\rho_3 = 0$	104.7232	104.8037	7.69E-04
	时间（s）	0.1068	57.4049	
	$\rho_1 = 0$，$\rho_3 = 0.8$	104.7233	104.8342	1.06E-03
	时间（s）	0.2398	57.6442	
	$\rho_1 = 0$，$\rho_3 = -0.8$	104.7230	104.8471	1.19E-03
	时间（s）	0.2435	57.4467	

参数		近似公式结果	MC	Error
$\lambda = 1.06$	$\rho_1 = 0.5$, $\rho_3 = -0.8$	131.9063	132.2537	2.63E-03
	时间(s)	0.2367	56.9611	
	$\rho_1 = -0.5$, $\rho_3 = 0.8$	131.9087	132.1682	1.97E-03
	时间(s)	0.2387	56.9025	
	$\rho_1 = -0.5$, $\rho_3 = 0$	131.9075	132.1612	1.92E-03
	时间(s)	0.1098	56.2971	
	$\rho_1 = 0.5$, $\rho_3 = 0$	131.9075	132.2013	2.23E-03
	时间(s)	0.0998	56.3831	
	$\rho_1 = 0$, $\rho_3 = 0.8$	131.9087	132.3079	3.03E-03
	时间(s)	0.2173	56.4313	
	$\rho_1 = 0$, $\rho_3 = -0.8$	131.9063	132.0949	1.43E-03
	时间(s)	0.2354	56.4566	
$\lambda = 1.1$	$\rho_1 = 0.5$, $\rho_3 = -0.8$	158.6570	159.2704	3.87E-03
	时间(s)	0.2396	56.4486	
	$\rho_1 = -0.5$, $\rho_3 = 0.8$	158.6618	159.1143	2.85E-03
	时间(s)	0.2687	56.3541	
	$\rho_1 = -0.5$, $\rho_3 = 0$	158.6594	159.1816	3.29E-03
	时间(s)	0.1283	56.7661	
	$\rho_1 = 0.5$, $\rho_3 = 0$	158.6594	159.1440	3.05E-03
	时间(s)	0.1188	57.2936	
	$\rho_1 = 0$, $\rho_3 = 0.8$	158.6618	159.2272	3.56E-03
	时间(s)	0.2240	57.3817	
	$\rho_1 = 0$, $\rho_3 = -0.8$	158.6570	159.1008	2.80E-03
	时间(s)	0.2347	58.3384	

注：相关系数 ρ_1、ρ_2 及 ρ_3 之间需要满足 $\dfrac{1-\rho_1^2-\rho_2^2-\rho_3^2+2\rho_1\rho_2\rho_3}{1-\rho_3^2} \geqslant 0$。

　　在表3-2中，计算当 $\rho_2 = 0.3$ 时 Heston 模型下存在利率风险的时间期权价值，参考 Bernard 和 Cui(2011) 的参数设置，其他参数与表3-1保持一致，并选择不同的参数 λ、ρ_1、ρ_3。从表3-2中可以看出，近似公式结果与蒙特卡罗模拟值一致，并且计算最低速度快200多倍、最高快500倍。

表 3-2 Heston 模型下近似公式数值结果与蒙特卡罗模拟结果(MC)比较(二)

参数		近似公式结果	MC	Error
$\lambda = 1.01$	$\rho_1 = 0.5,\ \rho_3 = 0.8$	104.7329	104.6885	4.24E-04
	时间(s)	0.2226	57.7467	
	$\rho_1 = -0.5,\ \rho_3 = -0.8$	104.7326	104.6807	4.96E-04
	时间(s)	0.2759	57.5333	
	$\rho_1 = -0.5,\ \rho_3 = 0$	104.7328	104.7438	1.06E-04
	时间(s)	0.1033	57.8487	
	$\rho_1 = 0.5,\ \rho_3 = 0$	104.7328	104.8249	8.80E-04
	时间(s)	0.1014	58.1758	
	$\rho_1 = 0,\ \rho_3 = 0.8$	104.7233	104.8398	1.11E-03
	时间(s)	0.2180	56.9350	
	$\rho_1 = 0,\ \rho_3 = -0.8$	104.7230	104.8890	1.58E-03
	时间(s)	0.2238	57.3118	
$\lambda = 1.06$	$\rho_1 = 0.5,\ \rho_3 = 0.8$	131.9847	131.9804	3.25E-05
	时间(s)	0.2223	57.6983	
	$\rho_1 = -0.5,\ \rho_3 = -0.8$	131.9823	132.1379	1.18E-03
	时间(s)	0.2688	57.7234	
	$\rho_1 = -0.5,\ \rho_3 = 0$	131.9835	132.3128	2.50E-03
	时间(s)	0.1505	59.4941	
	$\rho_1 = 0.5,\ \rho_3 = 0$	131.9835	132.0861	7.77E-04
	时间(s)	0.0959	56.7038	
	$\rho_1 = 0,\ \rho_3 = 0.8$	131.9087	132.1920	2.15E-03
	时间(s)	0.2159	56.4187	
	$\rho_1 = 0,\ \rho_3 = -0.8$	131.9063	132.1817	2.09E-03
	时间(s)	0.2252	60.3895	
$\lambda = 1.1$	$\rho_1 = 0.5,\ \rho_3 = 0.8$	158.8201	159.0389	1.38E-03
	时间(s)	0.3059	63.5852	
	$\rho_1 = -0.5,\ \rho_3 = -0.8$	158.8153	158.8737	3.68E-04
	时间(s)	0.3267	62.3170	
	$\rho_1 = -0.5,\ \rho_3 = 0$	158.8177	159.1277	1.95E-03
	时间(s)	0.1126	62.0457	
	$\rho_1 = 0.5,\ \rho_3 = 0$	158.8177	159.1191	1.90E-03

续表

参数		近似公式结果	MC	Error
$\lambda = 1.1$	时间(s)	0.1288	63.5626	
	$\rho_1 = 0$, $\rho_3 = 0.8$	158.6618	159.1552	3.11E-03
	时间(s)	0.2433	61.2984	
	$\rho_1 = 0$, $\rho_3 = -0.8$	158.6570	159.1518	3.12E-03
	时间(s)	0.2301	61.2228	

注：相关系数 ρ_1、ρ_2 及 ρ_3 之间需要满足 $\dfrac{1-\rho_1^2-\rho_2^2-\rho_3^2+2\rho_1\rho_2\rho_3}{1-\rho_3^2}\geqslant 0$。

在表3-3中，计算当 $\rho_2 = 0$ 时 Heston 模型下存在利率风险的时间期权价值，参考 Bernard 和 Cui(2011)的参数设置，其他参数与表3-1保持一致，并选择不同的参数 λ、ρ_1、ρ_3。从表3-3中可以看出，近似公式结果与蒙特卡罗模拟值一致，并且计算最低速度快200多倍、最高快600倍左右。

表3-3　Heston 模型下近似公式数值结果与蒙特卡罗模拟结果(MC)比较(三)

参数		近似公式结果	MC	Error
$\lambda = 1.01$	$\rho_1 = 0.5$, $\rho_3 = 0.8$	104.7281	104.7358	7.34E-05
	时间(s)	0.2206	55.8767	
	$\rho_1 = 0.5$, $\rho_3 = 0$	104.7280	104.7210	6.66E-05
	时间(s)	0.0974	55.9329	
	$\rho_1 = 0.5$, $\rho_3 = -0.8$	104.7278	104.7506	2.17E-04
	时间(s)	0.2271	55.9682	
	$\rho_1 = -0.5$, $\rho_3 = 0.8$	104.7281	104.7768	4.65E-04
	时间(s)	0.2311	56.0923	
	$\rho_1 = -0.5$, $\rho_3 = 0$	104.7280	104.7549	2.57E-04
	时间(s)	0.1029	56.0504	
	$\rho_1 = -0.5$, $\rho_3 = -0.8$	104.7278	104.8089	7.75E-04
	时间(s)	0.2472	55.9279	
	$\rho_1 = 0$, $\rho_3 = 0.8$	104.7281	104.7074	1.98E-04
	时间(s)	0.2147	56.0299	
	$\rho_1 = 0$, $\rho_3 = 0$	104.7280	104.7925	6.16E-04

续表

参数		近似公式结果	MC	Error
$\lambda = 1.01$	时间（s）	0.0967	56.0243	
	$\rho_1 = 0$，$\rho_3 = -0.8$	104.7278	104.7729	4.31E-04
	时间（s）	0.2294	56.0297	
$\lambda = 1.06$	$\rho_1 = 0.5$，$\rho_3 = 0.8$	131.9467	132.0394	7.03E-04
	时间（s）	0.2142	56.0366	
	$\rho_1 = 0.5$，$\rho_3 = 0$	131.9455	132.0734	9.69E-04
	时间（s）	0.0985	56.0489	
	$\rho_1 = 0.5$，$\rho_3 = -0.8$	131.9443	132.0633	9.02E-04
	时间（s）	0.2260	56.0359	
	$\rho_1 = -0.5$，$\rho_3 = 0.8$	131.9467	132.0329	6.53E-04
	时间（s）	0.2362	55.9998	
	$\rho_1 = -0.5$，$\rho_3 = 0$	131.9455	132.1206	1.33E-03
	时间（s）	0.1013	56.0614	
	$\rho_1 = -0.5$，$\rho_3 = -0.8$	131.9443	132.1030	1.20E-03
	时间（s）	0.2410	55.9917	
	$\rho_1 = 0$，$\rho_3 = 0.8$	131.9467	132.0706	9.39E-04
	时间（s）	0.2138	56.0373	
	$\rho_1 = 0$，$\rho_3 = 0$	131.9455	132.1177	1.30E-03
	时间（s）	0.0919	56.1337	
	$\rho_1 = 0$，$\rho_3 = -0.8$	131.9443	132.0222	5.91E-04
	时间（s）	0.2230	56.0949	
$\lambda = 1.1$	$\rho_1 = 0.5$，$\rho_3 = 0.8$	158.7410	159.1254	2.42E-03
	时间（s）	0.2268	56.0917	
	$\rho_1 = 0.5$，$\rho_3 = 0$	158.7386	159.1133	2.36E-03
	时间（s）	0.0972	56.1353	
	$\rho_1 = 0.5$，$\rho_3 = -0.8$	158.7362	159.0578	2.03E-03
	时间（s）	0.2380	56.5993	
	$\rho_1 = -0.5$，$\rho_3 = 0.8$	158.7410	159.1406	2.52E-03
	时间（s）	0.2462	56.5223	
	$\rho_1 = -0.5$，$\rho_3 = 0$	158.7386	158.9807	1.53E-03
	时间（s）	0.0995	56.9332	
	$\rho_1 = -0.5$，$\rho_3 = -0.8$	158.7362	159.0816	2.18E-03

续表

参数		近似公式结果	MC	Error
$\lambda = 1.1$	时间（s）	0.2738	57.0554	
	$\rho_1 = 0$，$\rho_3 = 0.8$	158.7410	159.0166	1.74E-03
	时间（s）	0.2267	67.8224	
	$\rho_1 = 0$，$\rho_3 = 0$	158.7386	159.1044	2.30E-03
	时间（s）	0.1204	66.2694	
	$\rho_1 = 0$，$\rho_3 = -0.8$	158.7362	159.1658	2.71E-03
	时间（s）	0.2302	56.2909	

注：相关系数 ρ_1、ρ_2 及 ρ_3 之间需要满足 $\dfrac{1-\rho_1^2-\rho_2^2-\rho_3^2+2\rho_1\rho_2\rho_3}{1-\rho_3^2} \geq 0$。

表 3-4 中，分析时间期权价值对 κ 的敏感性。参考 Bernard 和 Cui（2011）的参数设置，计算 Heston 模型下时间期权价值的参数为

$S_0 = 100$，$V_0 = 0.0625$，$B = 0.0265$，$\mu = 2$，$\omega = 0.0324$，

$\sigma = 0.1$，$r_0 = 0.04$，$\rho_2 = -0.3$，$T = 1$，$\rho_3 = -0.8$，$\rho_1 = 0.5$，$\theta = 0.04$，

$\eta = 0.000625$，

以及针对参数 λ、κ 几种不同的选择值。从表 3-4 中可以看出，近似公式结果与蒙特卡罗模拟值一致。图 3-1 刻画了 κ 从 1 到 2 影响时间期权价值的图形，其他参数保持一致，且 $\lambda = 1.01$。

表 3-4　Heston 模型下近似公式数值结果与蒙特卡罗模拟结果（MC）比较（四）

参数		近似公式结果	MC	Error
$\lambda = 1.01$	$\kappa = 1$	104.7230	104.7945	6.83E-04
	时间（s）	0.3179	71.2718	
	$\kappa = 1.5$	104.7235	104.7751	4.92E-04
	时间（s）	0.3377	70.5100	
	$\kappa = 2$	104.7240	104.7499	2.47E-04
	时间（s）	0.2751	68.8124	
$\lambda = 1.06$	$\kappa = 1$	131.9063	132.3347	3.25E-03
	时间（s）	0.2708	70.1318	

参数		近似公式结果	MC	Error
$\lambda = 1.06$	$\kappa = 1.5$	131.9105	132.1091	1.51E-03
	时间(s)	0.3901	91.4096	
	$\kappa = 2$	131.9141	132.1325	1.66E-03
	时间(s)	0.2692	78.4285	
$\lambda = 1.1$	$\kappa = 1$	158.6570	159.1425	3.06E-03
	时间(s)	0.2743	64.9125	
	$\kappa = 1.5$	158.6658	158.9816	1.99E-03
	时间(s)	0.2723	59.3728	
	$\kappa = 2$	158.6732	159.1265	2.86E-03
	时间(s)	0.3283	70.3713	

图 3-2 中，可以看出在包含 Vasicek 随机利率的 Heston 随机波动率模型下，和不同的收敛值 θ 下，时间期权的价值随着利率收敛速度 κ 的增加而增加，即利率收敛到其收敛值的过程越快，时间期权的价值越大。

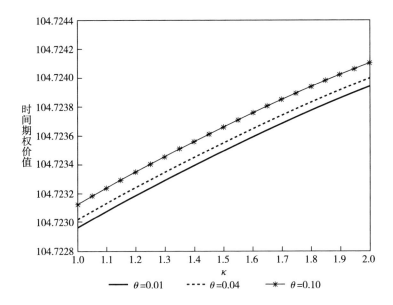

图 3-2　Heston 模型下时间期权价值对 κ 的敏感性分析

表 3-5 中，分析时间期权价值对 θ 的敏感性。参考 Bernard 和 Cai（2011）的参数设置，计算 Heston 模型下时间期权价值的参数为

$S_0 = 100$，$V_0 = 0.0625$，$B = 0.0265$，$\mu = 2$，$\omega = 0.0324$，

$\sigma = 0.1$，$r_0 = 0.04$，$\rho_2 = -0.3$，$T = 1$，$\rho_3 = -0.8$，$\rho_1 = 0.5$，$\kappa = 1$，

$\eta = 0.000625$，

以及针对参数 λ、θ 几种不同的选择值。从表 3-5 可以看出，近似公式结果与蒙特卡罗模拟值一致。图 3-3 刻画了 θ 从 0.01 到 0.1 影响时间期权价值的图形，其他参数保持一致，且 $\lambda = 1.01$。

表 3-5　Heston 模型下近似公式数值结果与蒙特卡罗模拟结果（MC）比较（五）

参数		近似公式结果	MC	Error
$\lambda = 1.01$	$\theta = 0.04$	104.7230	104.8265	9.88E-04
	时间（s）	0.3349	70.8085	
	$\theta = 0.08$	104.7231	104.3582	3.48E-03
	时间（s）	0.3055	71.1386	
	$\theta = 0.1$	104.7231	104.2778	4.25E-03
	时间（s）	0.3184	70.9492	
$\lambda = 1.06$	$\theta = 0.04$	131.9063	132.1142	1.58E-03
	时间（s）	0.2758	69.7928	
	$\theta = 0.08$	131.9068	131.7137	1.46E-03
	时间（s）	0.3228	69.6290	
	$\theta = 0.1$	131.9071	131.4382	3.55E-03
	时间（s）	0.2770	72.5018	
$\lambda = 1.1$	$\theta = 0.04$	158.6570	159.1867	3.34E-03
	时间（s）	0.3225	64.7322	
	$\theta = 0.08$	158.6582	158.6257	2.05E-04
	时间（s）	0.2504	59.1732	
	$\theta = 0.1$	158.6588	158.3583	1.89E-03
	时间（s）	0.2452	59.8020	

图 3-3 可以看出，在包含 Vasicek 随机利率的 Heston 随机波动率模型和不同

的收敛值 κ 下，时间期权的价值随着利率收敛值 θ 的增加而增加，即利率收敛值越大，时间期权的价值越大。

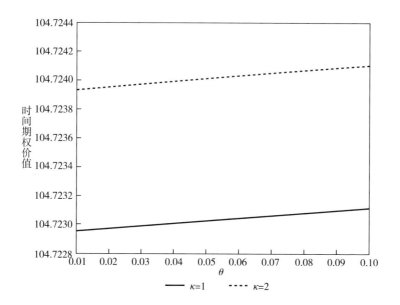

图 3-3　Heston 模型下时间期权价值对 θ 的敏感性分析

上述数值结果和图例证明了文中算法的正确性。

3.4　在 Hull-White 模型下的时间期权定价算法应用

3.4.1　近似解析解公式

对于 Hull-White 模型［见 Hull 和 White(1987)］，定义参数和式(3.1.2)中的函数如下：

$$\alpha(V) = \mu V,\ \beta(V) = V, \tag{3.4.1}$$

其中，μ 为一个常数。

则式（3.1.1）、式（3.1.2）和式（3.1.3）转换成

$$dS_t = r_t S_t dt + \sqrt{V_t} S_t dW_t^1, \tag{3.4.2}$$

$$dV_t = \mu V dt + \eta V dW_t^2, \tag{3.4.3}$$

$$dr_t = \kappa(\theta - r_t) dt + \sigma dW_t^3. \tag{3.4.4}$$

根据式（3.4.1）的设定，式（3.2.20）中定义的 $\widetilde{\alpha}$ 成为

$$\widetilde{\alpha}(V) = \mu V^2 + \lambda \rho_1 \eta V^{5/2} + (1-\lambda)\rho_3 \eta \sigma_P V^2, \tag{3.4.5}$$

并且式（3.2.28）定义的 ψ 成为

$$\psi'(x) = \frac{1}{\mu + \eta^2 + \lambda \rho_1 \eta \sqrt{x} + (1-\lambda)\rho_3 \eta \sigma_P},$$

该方程解为

$$\psi(x) = \frac{2}{\rho_1 \eta}\left[\sqrt{x} - \frac{\mu + \eta^2 + (1-\lambda)\rho_3 \eta \sigma_P}{\lambda \rho_1 \eta}\ln|\mu + \eta^2 + (1-\lambda)\rho_3 \eta \sigma_P + \lambda \rho_1 \eta \sqrt{x}|\right]$$

$$\tag{3.4.6}$$

使用定理 3.1.4 及简单的计算，得到 g 近似公式

$$g(V, \xi) \approx \varphi(V, \epsilon) + \eta^2 \phi(V, \epsilon), \tag{3.4.7}$$

其中，

$$\varphi(V, \epsilon) = -\ln\epsilon - \int_{\epsilon}^{V} \frac{\mu + (1-\lambda)\rho_3 \eta \sigma_P + \lambda \rho_1 \eta \sqrt{x}}{x[\mu + \eta^2 + (1-\lambda)\rho_3 \eta \sigma_P + \lambda \rho_1 \eta \sqrt{x}]}dx -$$

$$\frac{\lambda(\lambda-1)}{2}\int_{\epsilon}^{V} \frac{\sigma_P^2 - 2\rho_2 \sigma_P P\sqrt{x} + x}{x[\mu + \eta^2 + (1-\lambda)\rho_3 \eta \sigma_P + \lambda \rho_1 \eta \sqrt{x}]}dx$$

$$= -\ln\epsilon - \int_{\epsilon}^{V} \frac{\widetilde{D}_3 + \lambda \rho_1 \eta \sqrt{x}}{x[\widetilde{D}_3 + \eta^2 + \lambda \rho_1 \eta \sqrt{x}]}dx - \frac{\lambda(\lambda-1)}{2}\int_{\epsilon}^{V} \frac{\sigma_P^2 - 2\rho_2 \sigma_P P\sqrt{x} + x}{x[\widetilde{D}_3 + \eta^2 + \lambda \rho_1 \eta \sqrt{x}]}dx$$

$$= -\ln V - \frac{2\eta^2}{\widetilde{D}_3 + \eta^2}\ln\left|\left(\frac{\epsilon}{V}\right)^{\frac{1}{2}}\frac{\widetilde{D}_3 + \eta^2 + \rho_1 \eta V^{\frac{1}{2}}}{\widetilde{D}_3 + \eta^2 + \rho_1 \eta \epsilon^{\frac{1}{2}}}\right| +$$

$$\lambda(\lambda-1)\left[\frac{\sigma_P^2}{\widetilde{D}_3 + \eta^2} + \frac{2\rho_2 \sigma_P P}{\lambda \rho_1 \eta} + \frac{\widetilde{D}_3 + \eta^2}{(\lambda \rho_1 \eta)^2}\right]\ln\left|\frac{\widetilde{D}_3 + \eta^2 + \lambda \rho_1 \eta V^{\frac{1}{2}}}{\widetilde{D}_3 + \eta^2 + \lambda \rho_1 \eta \epsilon^{\frac{1}{2}}}\right| -$$

$$\lambda(\lambda-1)\left[\frac{\sigma_P^2}{\widetilde{D}_3+\eta^2}\ln\sqrt{\frac{V}{\epsilon}}+\frac{2}{\lambda\rho_1\eta}(\sqrt{V}-\sqrt{\epsilon})\right], \tag{3.4.8}$$

以及

$$\phi(V,\epsilon)=\frac{1}{2}\int_{\epsilon}^{V}\frac{2(\widetilde{D}_3+\lambda\rho_1\eta\sqrt{u})^2+3\eta^2(\widetilde{D}_3+\lambda\rho_1\eta\sqrt{u})-\eta^2\left(2\widetilde{D}_3+\frac{5}{2}\lambda\rho_1\eta\sqrt{x}\right)}{x(\widetilde{D}_3+\eta^2+\lambda\rho_1\eta\sqrt{x})^3}\mathrm{d}x$$

$$=\frac{1}{2}\frac{\lambda\rho_1\widetilde{D}_3\eta^3+\lambda\rho_1\eta^5+4\widetilde{D}_3^2+2\widetilde{D}_3\eta^2}{(\widetilde{D}_3+\eta^2)^3}\ln\left|\left(\frac{\epsilon}{V}\right)^{1/2}\frac{\widetilde{D}_3+\eta^2+\lambda\rho_1\eta V^{1/2}}{\widetilde{D}_3+\eta^2+\lambda\rho_1\eta\epsilon^{1/2}}\right|-$$

$$\frac{1}{2}\frac{\lambda\rho_1\eta^3-5\widetilde{D}_3\eta^2-2\mu^4}{(\widetilde{D}_3+\eta^2)^2}\left(\frac{1}{\widetilde{D}_3+\eta^2+\lambda\rho_1\eta V^{1/2}}-\frac{1}{\widetilde{D}_3+\eta^2+\lambda\rho_1\eta\epsilon^{1/2}}\right)-$$

$$\frac{1}{4}\frac{\eta^2(\widetilde{D}_3+2\eta^2)}{(\widetilde{D}_3+\eta^2)}\left(\frac{1}{(\widetilde{D}_3+\eta^2+\lambda\rho_1\eta V^{\frac{1}{2}})^2}-\frac{1}{(\widetilde{D}_3+\eta^2+\lambda\rho_1\eta\epsilon^{\frac{1}{2}})^2}\right). \tag{3.4.9}$$

其中，

$\widetilde{D}_3\equiv\mu+(1-\lambda)\rho_3\eta\sigma_P.$

最后使用式(3.2.33)得到在 Hull-White 模型下定价时间期权的近似等式。

3.4.2　数值算例及敏感性分析

本部分应用前文推导出来的 Hull-White 模型下的时间期权定价公式，并与蒙特卡罗模拟值相比较。式(3.4.2)、式(3.4.3)和式(3.4.4)转换成

$$\mathrm{d}S_t=r_tS_t\mathrm{d}t+\sqrt{V_t}S_t(A_{31}\mathrm{d}Z_t^1+A_{32}\mathrm{d}Z_t^2+A_{33}\mathrm{d}Z_t^3),$$

$$\mathrm{d}V_t=\mu V_t\mathrm{d}t+\eta V_t(A_{21}\mathrm{d}Z_t^1+A_{22}\mathrm{d}Z_t^2),$$

$$\mathrm{d}r_t=\kappa(\theta-r_t)\mathrm{d}t+\sigma\mathrm{d}Z_t^1,$$

其中，Z_t^1、Z_t^2、Z_t^3 为独立的标准正态分布随机变量。使用欧拉离散之后即能通过蒙特卡罗模拟算法计算时间期权的价值。

接下来，通过在不同相关系数 ρ_1、ρ_2 及 ρ_3 的情况下比较近似公式结果(Formula)和蒙特卡罗模拟算法结果(MC)，结果分别呈现在表 3-6 至表 3-8 中。同时，将这两个算法计算所费时间列于相应表格中[时间单位为秒(s)]，在英特尔酷睿双核 CPU 处理器下使用 Matlab 软件，通过近似公式计算，大概需要花费 0.02s

计算出一个时间期权的近似价值，通过蒙特卡罗模拟算法（离散时间步数为300步，模拟路径为200000条）大约需要花费27s计算。数据显示在Hull-White模型下，此种近似解析解算法比蒙特卡罗模拟算法平均快1000倍。由于包含了利率风险，另外测算了在不同的κ和θ的值得情况下的对比，并分析了时间期权对于利率因子的敏感性，结果分别呈现在表3-9和表3-10中。

在表3-6中，计算当$\rho_2 = -0.3$时，Hull-White模型下存在利率风险的时间期权价值，参考Bernard和Cui（2011）的参数设置，其他参数为

$S_0 = 100$，$V_0 = 0.0625$，$B = 0.0265$，$\mu = 2$，

$\sigma = 0.1$，$r_0 = 0.04$，$T = 1$，$\kappa = 1$，$\theta = 0.04$，$\eta = 0.3$，

以及针对参数λ、ρ_1、ρ_3几种不同的选择值。从表3-6中可以看出，近似公式结果与蒙特卡罗模拟值一致，并且计算速度平均快1000倍。

表3-6　Hull-White模型下近似公式数值结果与蒙特卡罗模拟结果（MC）比较（一）

	参数	近似公式结果	MC	Error
	$\rho_1 = 0.5$，$\rho_3 = -0.8$	104.2248	104.8146	5.66E-03
	时间（s）	0.0654	27.6269	
	$\rho_1 = -0.5$，$\rho_3 = 0.8$	104.1342	104.7564	5.97E-03
$\lambda = 1.01$	时间（s）	0.0280	27.6257	
	$\rho_1 = -0.5$，$\rho_3 = 0$	104.1341	104.7515	5.93E-03
	时间（s）	0.0274	27.5244	
	$\rho_1 = 0.5$，$\rho_3 = 0$	104.2249	104.7702	5.23E-03
	时间（s）	0.0271	27.6744	
	$\rho_1 = 0.5$，$\rho_3 = -0.8$	132.1616	132.0552	8.05E-04
	时间（s）	0.0335	27.9216	
	$\rho_1 = -0.5$，$\rho_3 = 0.8$	132.0439	132.1602	8.81E-04
$\lambda = 1.06$	时间（s）	0.0272	27.6617	
	$\rho_1 = -0.5$，$\rho_3 = 0$	132.0433	132.0674	1.83E-04
	时间（s）	0.0278	27.6297	
	$\rho_1 = 0.5$，$\rho_3 = 0$	132.1621	131.9845	1.34E-03
	时间（s）	0.0272	27.7010	

续表

参数		近似公式结果	MC	Error
$\lambda = 1.1$	$\rho_1 = 0.5$, $\rho_3 = -0.8$	159.8122	158.9240	5.56E-03
	时间(s)	0.0268	27.6772	
	$\rho_1 = -0.5$, $\rho_3 = 0.8$	159.6671	159.0465	3.89E-03
	时间(s)	0.0269	27.6577	
	$\rho_1 = -0.5$, $\rho_3 = 0$	159.6658	158.9175	4.69E-03
	时间(s)	0.0273	27.6059	
	$\rho_1 = 0.5$, $\rho_3 = 0$	159.8132	159.0474	4.79E-03
	时间(s)	0.0277	27.6836	

注：相关系数 ρ_1、ρ_2 及 ρ_3 需要满足 $\dfrac{1-\rho_1^2-\rho_2^2-\rho_3^2+2\rho_1\rho_2\rho_3}{1-\rho_3^2} \geq 0$，且 ρ_3 在公式中的分母位置，故不能等于 0。

计算当 $\rho_2 = 0.3$ 时，Hull-White 模型下存在利率风险的时间期权价值，参考 Bernard 和 Cui(2011)的参数设置，其他参数与表 3-6 保持一致，并选择参数 λ、ρ_1、ρ_3 几种不同的值。从表 3-7 中可以看出，近似公式结果与蒙特卡罗模拟值一致，且计算速度平均快 1000 倍。

表 3-7 Hull-White 模型下近似公式数值结果与蒙特卡罗模拟结果(MC)比较(二)

参数		近似公式结果	MC	Error
$\lambda = 1.01$	$\rho_1 = 0.5$, $\rho_3 = 0.8$	104.2457	104.6684	4.06E-03
	时间(s)	0.0763	27.7020	
	$\rho_1 = -0.5$, $\rho_3 = -0.8$	104.1552	104.6732	4.97E-03
	时间(s)	0.0289	27.7045	
	$\rho_1 = -0.5$, $\rho_3 = 0$	104.1553	104.7593	5.80E-03
	时间(s)	0.0273	27.7887	
	$\rho_1 = 0.5$, $\rho_3 = 0$	104.2456	104.7688	5.02E-03
	时间(s)	0.0267	27.5830	
$\lambda = 1.06$	$\rho_1 = 0.5$, $\rho_3 = 0.8$	132.3228	132.0260	2.24E-03
	时间(s)	0.0276	27.7449	
	$\rho_1 = -0.5$, $\rho_3 = -0.8$	132.2064	131.9175	2.19E-03

参数		近似公式结果	MC	Error
$\lambda = 1.06$	时间（s）	0.0265	27.6177	
	$\rho_1 = -0.5$，$\rho_3 = 0$	132.2070	132.0889	8.93E-04
	时间（s）	0.0257	27.6471	
	$\rho_1 = 0.5$，$\rho_3 = 0$	132.3223	131.9967	2.46E-03
	时间（s）	0.0264	27.6296	
$\lambda = 1.1$	$\rho_1 = 0.5$，$\rho_3 = 0.8$	160.1412	158.8203	8.25E-03
	时间（s）	0.0278	27.6383	
	$\rho_1 = -0.5$，$\rho_3 = -0.8$	159.9990	158.7743	7.65E-03
	时间（s）	0.0264	27.6363	
	$\rho_1 = -0.5$，$\rho_3 = 0$	160.0002	159.0166	6.15E-03
	时间（s）	0.0270	27.5802	
	$\rho_1 = 0.5$，$\rho_3 = 0$	160.1403	159.0089	7.07E-03
	时间（s）	0.0265	27.5621	

注：相关系数 ρ_1、ρ_2 及 ρ_3 需要满足 $\dfrac{1-\rho_1^2-\rho_2^2-\rho_3^2+2\rho_1\rho_2\rho_3}{1-\rho_3^2} \geq 0$，且 ρ_3 在公式中的分母位置，故不能等于0。

计算当 $\rho_2 = 0$ 时，Hull-White 模型下存在利率风险的时间期权价值，参考 Bernard 和 Cui（2011）的参数设置，其他参数与表3-6保持一致，并选择参数 λ、ρ_1、ρ_3 几种不同的值。从表3-8中可以看出，近似公式结果与蒙特卡罗模拟值一致，并且计算速度平均快1000倍。

表3-8　Hull-White 模型下近似公式数值结果与蒙特卡罗模拟结果（MC）比较（三）

参数		近似公式结果	MC	Error
$\lambda = 1.01$	$\rho_1 = 0.5$，$\rho_3 = 0.8$	104.2353	104.7690	5.12E-03
	时间（s）	0.0664	27.7639	
	$\rho_1 = 0.5$，$\rho_3 = 0$	104.2352	104.7947	5.37E-03
	时间（s）	0.0266	27.6454	
	$\rho_1 = 0.5$，$\rho_3 = -0.8$	104.2352	104.6827	4.29E-03
	时间（s）	0.0272	27.7062	

参数		近似公式结果	MC	Error
$\lambda = 1.01$	$\rho_1 = -0.5, \rho_3 = 0.8$	104.1448	104.6443	4.80E-03
	时间(s)	0.0251	27.6346	
	$\rho_1 = -0.5, \rho_3 = 0$	104.1447	104.7499	5.81E-03
	时间(s)	0.0244	27.6773	
	$\rho_1 = -0.5, \rho_3 = -0.8$	104.1446	104.7660	5.97E-03
	时间(s)	0.0302	27.8388	
$\lambda = 1.06$	$\rho_1 = 0.5, \rho_3 = 0.8$	132.2427	132.0579	1.40E-03
	时间(s)	0.0253	27.5939	
	$\rho_1 = 0.5, \rho_3 = 0$	132.2422	132.0599	1.38E-03
	时间(s)	0.0250	27.6874	
	$\rho_1 = 0.5, \rho_3 = -0.8$	132.2417	132.0468	1.47E-03
	时间(s)	0.0266	27.7288	
	$\rho_1 = -0.5, \rho_3 = 0.8$	132.1257	132.0774	3.66E-04
	时间(s)	0.0258	27.7578	
	$\rho_1 = -0.5, \rho_3 = 0$	132.1251	132.0165	8.22E-04
	时间(s)	0.0264	27.6288	
	$\rho_1 = -0.5, \rho_3 = -0.8$	132.1245	132.1550	2.31E-04
	时间(s)	0.0277	27.6296	
$\lambda = 1.1$	$\rho_1 = 0.5, \rho_3 = 0.8$	159.9777	158.7894	7.43E-03
	时间(s)	0.0254	27.5907	
	$\rho_1 = 0.5, \rho_3 = 0$	159.9767	158.9478	6.43E-03
	时间(s)	0.0256	27.5965	
	$\rho_1 = 0.5, \rho_3 = -0.8$	159.9756	158.8892	6.79E-03
	时间(s)	0.0274	27.6715	
	$\rho_1 = -0.5, \rho_3 = 0.8$	159.8342	158.9083	5.79E-03
	时间(s)	0.0257	27.7065	
	$\rho_1 = -0.5, \rho_3 = 0$	159.8329	158.8090	6.41E-03
	时间(s)	0.0277	27.8721	
	$\rho_1 = -0.5, \rho_3 = -0.8$	159.8317	158.7880	6.53E-03
	时间(s)	0.0252	27.8245	

注：相关系数 ρ_1、ρ_2 及 ρ_3 需要满足 $\dfrac{1-\rho_1^2-\rho_2^2-\rho_3^2+2\rho_1\rho_2\rho_3}{1-\rho_3^2} \geq 0$，且 ρ_3 在公式中的分母位置，故不能等于0。

接下来分析含利率风险的 Vasicek 利率模型中的两个影响因子 κ 和 θ 对时间

期权的影响。通过表 3-9 分析时间期权价值对 κ 的敏感性。参考 Bernard 和 Cui（2011）的参数设置，计算 Hull-White 模型下时间期权价值的参数为

$S_0 = 100$，$V_0 = 0.0625$，$B = 0.0265$，$\mu = 2$，

$\sigma = 0.1$，$r_0 = 0.04$，$\rho_2 = -0.3$，$T = 1$，$\rho_3 = -0.8$，$\rho_1 = 0.5$，$\theta = 0.04$，$\eta = 0.3$，

以及针对参数 λ、κ 几种不同的选择值。从表 3-9 中可以看出，近似公式结果与蒙特卡罗模拟值一致。图 3-4 刻画了 κ 从 1 到 2 影响时间期权价值的图形，其他参数保持一致，且 $\lambda = 1.01$。

表 3-9　Hull-White 模型下近似公式数值结果与蒙特卡罗模拟结果（MC）比较（四）

参数		近似公式结果	MC	Error
$\lambda = 1.01$	$\kappa = 1$	104.2248	104.8152	5.66E-03
	时间（s）	0.0339	34.1127	
	$\kappa = 1.5$	104.2251	104.7943	5.46E-03
	时间（s）	0.0426	34.0597	
	$\kappa = 2$	104.2256	104.7592	5.12E-03
	时间（s）	0.0329	33.3276	
$\lambda = 1.06$	$\kappa = 1$	132.1616	132.0497	8.46E-04
	时间（s）	0.0323	33.5126	
	$\kappa = 1.5$	132.1639	132.0899	5.60E-04
	时间（s）	0.0383	35.0005	
	$\kappa = 2$	132.1671	132.1339	2.51E-04
	时间（s）	0.0368	36.0985	
$\lambda = 1.1$	$\kappa = 1$	159.8122	158.9802	5.21E-03
	时间（s）	0.0295	28.9142	
	$\kappa = 1.5$	159.8165	159.0218	4.97E-03
	时间（s）	0.0310	28.3926	
	$\kappa = 2$	159.8231	159.0123	5.07E-03
	时间（s）	0.0357	28.3682	

从图 3-4 中可以看出，在包含 Vasicek 随机利率的 Hull-White 随机波动率模型和不同的收敛值 θ 下，时间期权的价值随着利率收敛速度 κ 的增加而增加，即利率收敛到其收敛值的过程越快，时间期权的价值越大。

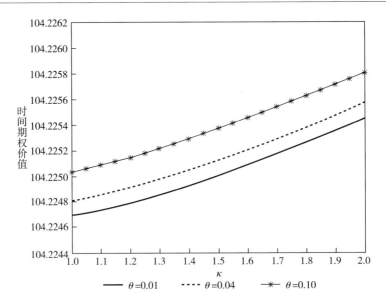

图 3-4 Hull-White 模型下时间期权价值对 κ 的敏感性分析

通过表 3-10 分析时间期权价值对 θ 的敏感性。参考 Bernard 和 Cui（2011）的参数设置，计算 Hull-White 模型下时间期权价值的参数为

$$S_0 = 100,\ V_0 = 0.0625,\ B = 0.0265,\ \mu = 2,$$

$$\sigma = 0.1,\ r_0 = 0.04,\ \rho_2 = -0.3,\ T = 1,\ \rho_3 = -0.8,\ \rho_1 = 0.5,\ \kappa = 1,\ \eta = 0.3,$$

以及针对参数 λ、θ 几种不同的选择值。从表 3-10 中可以看出，近似公式结果与蒙特卡罗模拟值一致。图 3-5 刻画了 θ 从 0.01 到 0.1 影响时间期权价值的图形，其他参数保持一致，且 $\lambda = 1.01$。

表 3-10 Hull-White 模型下近似公式数值结果与蒙特卡罗模拟结果（MC）比较（五）

参数		近似公式结果	MC	Error
$\lambda = 1.01$	$\theta = 0.04$	104.2248	104.8102	5.62E-03
	时间（s）	0.0362	34.2085	
	$\theta = 0.08$	104.2250	104.6211	3.80E-03
	时间（s）	0.0378	36.2452	
	$\theta = 0.1$	104.2250	104.5172	2.80E-03
	时间（s）	0.0349	32.8002	

续表

参数		近似公式结果	MC	Error
$\lambda = 1.06$	$\theta = 0.04$	132.1616	132.0810	6.10E-04
	时间(s)	0.0387	33.4442	
	$\theta = 0.08$	132.1627	131.8173	2.61E-03
	时间(s)	0.0334	37.3564	
	$\theta = 0.1$	132.1633	131.7993	2.75E-03
	时间(s)	0.0451	31.9374	
$\lambda = 1.1$	$\theta = 0.04$	159.8122	159.0754	4.61E-03
	时间(s)	0.0280	31.4672	
	$\theta = 0.08$	159.8146	158.7447	6.69E-03
	时间(s)	0.0299	28.5750	
	$\theta = 0.1$	159.8157	158.6125	7.53E-03
	时间(s)	0.0297	32.9357	

从图 3-5 可以看出，在包含 Vasicek 随机利率的 Hull-White 随机波动率模型和不同的收敛值 κ 下，时间期权的价值随着利率收敛值 θ 的增加而增加，即利率收敛值越大，时间期权的价值越大。

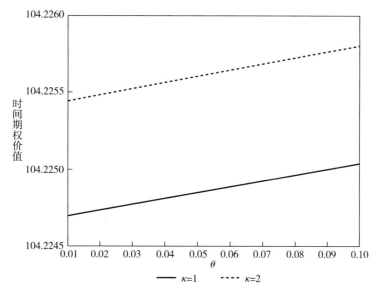

图 3-5　Hull-White 模型下时间期权价值对 θ 的敏感性分析

本章首先给出定价公式；其次在两个常用的波动率模型(Heston 模型和 Hull-White 模型)下，计算时间期权的价值。正如 Bernard 和 Cui(2011)所指出的，在时间期权研究中，波动率过程和利率过程的相关性可能是一个重要的风险因素，因此本章研究在随机利率模型下的时间期权。由于利率、波动率及随机到期日之间的相关性很复杂，在固定利率模型下的时间期权定价公式可能很难直接应用到随机利率模型上。因此，随机利率下的时间期权定价是一个四维偏微分方程，使用变量转换方法试图将四维偏微分方程降低为二维偏微分方程，运用扰动法求解该二维偏微分方程以得到时间期权的近似可解析定价方程。从数值结果可以看出，Hull-White 模型和 Heston 模型的结论与蒙特卡罗模拟算法结果一致，而计算速度比多维蒙特卡罗模拟算法要快 200 倍以上，最高快 1000 倍左右，尤其是在 Hull-White 模型下，大多快 1000 倍左右，证明了近似解析解算法既准确又快速。

4 非线性收益函数静态复制算法

　　众所周知，对冲衍生品(Hedging a Derivative)比衍生品定价要难，因为对冲需要可行的交易策略，而定价只需要设计期望收益的计算且这个计算通过数值积分或者模拟就能得到。当处于完全市场时，动态复制能够应用于对冲，静态复制则是一个较好的替代。

　　复杂收益衍生品的定价还没有解析解，可以使用期权组合来复制其复杂收益函数。使用期权组合来复制复杂收益函数的思想可追溯至 Ross(1976)、Breeden 和 Litzenberger(1978)。如果执行价为 0 到无穷大的期权都是足够的，那么在到期日的任意收益都能够通过静态对冲来复制。使用期权组合对冲非线性收益衍生品在基金界是比较重要的投资手段，不仅在学术领域期权复制具有较好的研究价值，在金融实务领域其应用也相当重要。在无套利的假设下，被复制的衍生品的价值是复制期权的价值之和。相对于动态复制，静态复制的成本更低，且拥有更多优点(Derman et al.，1995；Carr and Chou，1997；Carr et al.，1998；Demeterifi et al.，1999)。通过一组欧式看涨期权和欧式看跌期权来静态复制比较容易实施并且中间不会发生其他的交易费用。Carr 和 Wu(2013)讨论并比较了当标的资产存在随机跳跃风险时静态对冲与 delta 对冲两种方法，得出了静态对冲远胜于 delta 对冲的结论。

　　为找到一个静态复制组合，需要有一个收益函数的好的逼近，线性样条逼近则是一个简单而有效的方法。使用线性样条逼近的核心优点是静态复制组合包含简单的欧式看涨期权、欧式看跌期权及数字期权(Digital Option)，并且这些期权的权重无论收益函数有多复杂都能够很容易被计算出。在理论上，如果相邻格子点之间的最大距离足够小，那么逼近误差就能足够小。而在实际中，需要综合权衡精确度与代价，即如果格子点的数量是确定的(代价确定)，要尽可能地找出这些格子点的位置来最小化误差。本章拟推出一种既简单又稳健的方法来解决期权复制最优化问题，并且将该方法扩展至违约模型进行收敛性证明，以期在学术研究和金融实务领域丰富期权复制的定价研究。

笔者首先找到一个对于一般的路径依赖的非线性收益函数的最优静态复制组合，并且给出了收敛阶（这项研究在现有文献中未发现）。然后通过设计一个自适应函数来估计非线性收益函数与线性样条逼近之间的误差界限，并推导出最优执行价的等分布方程。之所以会分析误差界限，是因为要得到一个可求解的等分布方程来选择最优执行价，但这样做比直接分析误差难度更大。在实际的金融交易市场中，期权的执行价往往是给定的，且在一定区间内，只能在给定的几个期权执行价基础上，通过静态二次对冲算法来计算最优权重。最后通过方差互换、互换期权、静态二次对冲及一个跳扩散过程（可能存在交易对手违约风险的模型，即交易对手风险模型）来验证这个算法（包括在完全市场下和不完全市场下的模型）。通过数值算例，可以得出这个算法简单、快速且准确的结论。

4.1 静态复制公式及其误差界限

在本节中，笔者推出与 Liu（2010）一样的使用一篮子欧式期权复制非线性收益衍生品的静态复制算法公式，并且得出该公式近似的误差界限。

4.1.1 静态复制公式

考虑一个非线性收益函数 $y=f(S)$。将横轴 $[0, +\infty]$ 被 X_0，X_1，$\cdots$，X_n 分割，并且

$$0<X_{min}\equiv X_0<X_1<\cdots<X_n\equiv X_{max}<+\infty$$

以及 X_{min} 和 X_{max} 是固定的，并且概率 $P(S<X_{min})$ 与概率 $P(S>X_{max})$ 非常小。由此可知，非线性收益函数 $y=f(S)$ 能够被下面的分段线性函数逼近：

$$L_i(S)=\frac{X_{i+1}-S}{h_i}y_i+\frac{S-X_i}{h_i}y_{i+1}, \quad S\in[X_i, X_{i+1}], \tag{4.1.1}$$

令

$$h_i \equiv X_{i+1}-X_i, \quad i=0, 1, \cdots, n-1,$$

并且

$$y_i \equiv f(X_i), \quad i=0, 1, \cdots, n.$$

在 Liu(2010) 中，在 X_0 和 X_n 之间该段收益率曲线能够被下面的等式逼近：

$$
\begin{aligned}
f(S) &\approx \sum_{i=0}^{n-1} L_i(S) 1_{X_i < S < X_{i+1}} \\
&= L_k(X_k) - L_0(X_0) 1_{S < X_0} - L_{n-1}(X_n) 1_{S > X_n} + b_0(X_0 - S) 1_{S < X_0} + \\
&\quad \sum_{i=0}^{n-1} (b_i - b_{i-1})(X_i - S) 1_{S < X_i} - b_{k-1}(X_k - S) 1_{S < X_k} + b_k(S - X_k) 1_{S > X_k} + \\
&\quad \sum_{i=K+1}^{n-1} (b_i - b_{i-1})(S - X_i) 1_{S > X_i} - b_{n-1}(S - X_n) 1_{S > X_n},
\end{aligned}
$$

其中，1_A 为示性函数(当 $x \in A$ 时，$1_A = 1$；否则 $1_A = 0$)。并且

$$b_i \equiv (y_{i+1}-y_i)/h_i.$$

$L_k(X_k)$ 是现金流，$L_0(X_0)1_{S<X_0}$ 是现金或无价值看跌期权，$L_{n-1}(X_n)1_{S>X_n}$ 是现金或无价值看涨期权。

$$b_0(X_0 - S) 1_{S < X_0} + \sum_{i=0}^{n-1} (b_i - b_{i-1})(X_i - S) 1_{S < X_i} - b_{k-1}(X_k - S) 1_{S < X_k}$$

是一组执行价为 X_i, $i=0, 1, \cdots, k$ 的看跌期权组合，

$$b_k(S - X_k) 1_{S > X_k} + \sum_{i=k+1}^{n-1} (b_i - b_{i-1})(S - X_i) 1_{S > X_i} - b_{n-1}(S - X_n) 1_{S > X_n}$$

是一组执行价为 X_i, $i=k+1, k+2, \cdots, k+n$ 的看涨期权组合，X_k 可以选择接近当前标的资产的现价，从而使看跌期权和看涨期权都能接近虚值期权。

将非线性收益曲线逼近公式显示如下：

$$
\begin{aligned}
f(S) &\approx \sum_{i=0}^{n-1} L_i(S) 1_{X_i < S < X_{i+1}} + f(S) 1_{S < X_0} + f(S) 1_{S > X_n} \\
&= \{f(S) - [L_0(X_0) - b_0(X_0 - S)]\} f(S) 1_{S < X_0} + \\
&\quad \{f(S) - [L_{n-1}(X_n) + b_{n-1}(S - X_n)]\} 1_{S > X_n} + L_k(X_k) + \\
&\quad \sum_{i=1}^{k-1} (b_i - b_{i-1})(X_i - S) 1_{S < X_i} - b_{k-1}(X_k - S) 1_{S < X_k} + \\
&\quad b_k(S - X_k) 1_{S > X_k} + \sum_{i=k+1}^{n-1} (b_i - b_{i-1})(S - X_i) 1_{S > X_i}, \qquad (4.1.2)
\end{aligned}
$$

其中，1_A 为示性函数（当 $x \in A$ 时，$1_A = 1$；否则 $1_A = 0$），并且

$$b_i \equiv (f(x_{i+1}) - f(x_i)) / h_i.$$

证明： 在数学上，可以如此写：

$$
\begin{aligned}
\sum_{i=0}^{n-1} L_i(S) 1_{X_i \leqslant S < X_{i+1}} = {} & L_k(X_k) - L_0(X_0) 1_{S < X_0} + b_0(X_0 - S) 1_{S < X_0} - \\
& L_{n-1}(X_{n-1}) 1_{S \geqslant X_n} - b_{n-1}(S - X_{n-1}) 1_{S \geqslant X_n} + \\
& \sum_{i=1}^{k-1} (b_i - b_{i-1})(X_i - S) 1_{S < X_i} - b_{k-1}(X_k - S) 1_{S < X_k} + \\
& b_k(S - X_k) 1_{S \geqslant X_k} + \sum_{i=k+1}^{n-1} (b_i - b_{i-1})(S - X_i) 1_{S > X_i}.
\end{aligned}
$$

$$(4.1.3)$$

式 (4.1.3) 已经被 Liu (2010) 证明。在这里，可以重新证明一遍。由于

$$1_{X_i \leqslant S < X_{i+1}} = 1_{S < X_{i+1}} - 1_{S < X_i},$$

$$1_{X_i \leqslant S < X_{i+1}} = 1_{S > X_i} - 1_{S > X_{i+1}},$$

我们能够写成

$$
\begin{aligned}
\sum_{i=0}^{n-1} L_i(S) 1_{X_i \leqslant S < X_{i+1}} = {} & \sum_{i=0}^{k-1} L_i(S) 1_{X_i \leqslant S < X_{i+1}} + \sum_{i=k}^{n-1} L_i(S) 1_{X_i \leqslant S < X_{i+1}} \\
= {} & \sum_{i=0}^{k-1} \left[L_i(S) 1_{S < X_{i+1}} - L_i(S) 1_{S < X_i} \right] + \sum_{i=k}^{n-1} \left[L_i(S) 1_{S > X_i} - L_i(S) 1_{S \geqslant X_{i+1}} \right] \\
= {} & -L_0(S) 1_{S < X_0} + \sum_{i=1}^{k-1} \left[L_{i-1}(S) - L_i(S) \right] 1_{S < X_i} + L_{k-1}(S) 1_{S < X_k} + \\
& L_k(S) 1_{S \geqslant X_k} \sum_{i=k+1}^{n-1} \left[L_i(S) - L_{i-1}(S) \right] 1_{S \geqslant X_i} - L_{n-1}(S) 1_{S \geqslant X_n}.
\end{aligned}
$$

$$(4.1.4)$$

可以重写 $L_i(S)$ 为

$$L_i(S) = L_i(X_i) + b_i(S - X_i)$$

或者

$$L_i(S) = L_i(X_{i+1}) + b_i(S - X_{i+1}). \tag{4.1.5}$$

因此，

$$L_{i-1}(S) - L_i(S) = (b_i - b_{i-1})(X_i - S), \tag{4.1.6}$$

以及

$$L_{k-1}(S)1_{S<X_k}+L_k(S)1_{S\geq X_k}=\left[L_{k-1}(X_k)+b_{k-1}(S-X_k)\right]1_{S<X_k}+$$
$$\left[L_k(X_k)+b_k(S-X_k)\right]1_{S\geq X_k}=L_k(X_k)\left[1_{S<X_k}+1_{S\geq X_k}\right]+$$
$$\left[b_k(S-X_k)\right]1_{S\geq X_k}+\left[b_{k-1}(S-X_k)\right]1_{S<X_k}$$
$$=L_k(X_k)++\left[b_k(S-X_k)\right]1_{S\geq X_k}+\left[b_{k-1}(S-X_k)\right]1_{S<X_k}.$$

$$(4.1.7)$$

其中，在第二个等式使用 $L_{k-1}(X_k)=L_k(X_k)$。

将式(4.1.4)至式(4.1.7)合并起来就得到式(4.1.3)。式(4.1.2)显然来自式(4.1.3)。证毕。

同理，在式(4.1.2)中，最后一个等式的前两项能够看成 $f(S)1_{S<X_0}$ 和 $f(S)1_{S>X_n}$ 的线性多项式逼近误差，且第三项是现金流。其他项则是不同执行价 X_i，$i=0$，1，$\cdots$，$n-1$ 下的欧式看跌期权和欧式看涨期权。这些欧式看跌期权和欧式看涨期权均可能是虚值期权。

概率 $P(S<X_{\min})$ 与概率 $P(S>X_{\max})$ 非常小，由这个因素导致的逼近误差对定价的影响就非常小，所以可以忽略掉。在这种设定下，Demeterifi 等(1999)的公式被用于静态复制算法中：

$$f(S)\approx L_k(X_k)+\sum_{i=1}^{k-1}(b_i-b_{i-1})(X_i-S)^++b_{k-1}(X_k-S)^++$$
$$b_k(S-X_k)^++\sum_{i=k+1}^{n-1}(b_i-b_{i-1})(S-X_i)^+. \qquad (4.1.8)$$

Liu(2010)选择离散的执行价 X_0，X_1，$\cdots$，X_n，使整个区域能够被收益曲线包围，并且使该区域

$$A\equiv\sum_{i=0}^{n-1}A_i\equiv\sum_{i=0}^{n-1}\int_{X_i}^{X_{i+1}}\left[L_i(S)-f(S)\right]\mathrm{d}S$$

最小化。同时，Liu(2010)发现最小化整个期望区域能够得到更好的数值结果，期望区域为

$$A\equiv\sum_{i=0}^{n-1}A_i\equiv\sum_{i=0}^{n-1}\int_{X_i}^{X_{i+1}}\left[L_i(S)-f(S)\right]g(S)\mathrm{d}S,$$

其中，$g(S)$ 为分布(该分布条件依赖标的资产今天的价格)。很显然，对于普通

的复杂收益函数 $f(S)$ 每个子区域 A_i 都是正值。因此，在接下来将使用期望 L_2 测度[①]：

$$\mathrm{Error} \equiv \sqrt{\sum_{i=0}^{n-1} \int_{X_i}^{X_{i+1}} [L_i(S) - f(S)]^2 g(S)\,\mathrm{d}S},$$

并且基于近似误差界限而不是优化提出一个新的算法。

4.1.2 近似误差界限

令 $g(S)$ 为 S 的分布密度函数（该分布条件依赖标的资产今天的价格），则分段线性逼近函数(4.1.1)的误差界限见定理 4.1.1。

定理 4.1.1： 假设 f 是分段二次可微函数，$f \in C^2(X_i, X_{i+1})$，$i = 0, 1, \cdots,$ $n-1$，则在期望 L_2 测度下分段线性逼近式(4.1.1)与非线性收益函数 $f(S)$ 的整体误差界限为

$$\sqrt{\sum_{i=0}^{n-1} \int_{X_i}^{X_{i+1}} [L_i(S) - f(S)]^2 g(S)\,\mathrm{d}S} \leqslant \sqrt{2\sum_{i=0}^{n-1} h_i^4 \int_{X_i}^{X_{i+1}} G(S)(f''(S))\,\mathrm{d}S},$$

其中，

$$G(S) = \hat{G}\left(\frac{S - X_i}{h_i}\right),$$

$$\hat{G}(t) \equiv \int_0^t \hat{g}_i(\xi)\frac{\xi^2(1-\xi)^3}{3}\mathrm{d}\xi + \int_t^1 \hat{g}_i(\xi)\frac{\xi^2(1-\xi)^3}{3}\mathrm{d}\xi,$$

$$\hat{g}_i(\xi) \equiv g(X_i + h_i\xi).$$

证明： 考虑到标的资产的条件分布被包含进来，相比标准逼近的传统证明，误差界限证明包含新的分布。

由于

$$S = X_i + h_i\xi,$$

$$f(S) = f(X_i + h_i\xi) = \hat{f}_i(\xi),$$

$$g(S) = g(X_i + h_i\xi) = \hat{g}_i(\xi),$$

同时

---

① 虽然期望 L_2 测度被 Liu(2010) 在最小期望平方逼近中用到，但他的方法是为了在复制组合中寻找最优的权重而不是最优的执行价 X_0，X_1，$\cdots$，X_n。

$$y_i = f(X_i) = \hat{f}_i(0),$$

$$y_{i+1} = f(X_i+1) = \hat{f}_i(1),$$

从中可以获得

$$\hat{L}_i(\xi) = \hat{L}_i(X_i+h_i\xi) = \hat{f}_i(0)(1-\xi) + \hat{f}_i(\xi), \quad \xi \in [0, 1], \tag{4.1.9}$$

利用泰勒定理得到

$$\hat{f}_i(0) = \hat{f}_i(\xi) - \xi \hat{f}_i'(\xi) - \int_{\xi}^{0} t \hat{f}_i''(t) \, dt, \tag{4.1.10}$$

$$\hat{f}_i(1) = \hat{f}_i(\xi) + (1-\xi)\hat{f}_i'(\xi) + \int_{\xi}^{1} (1-t)\hat{f}_i''(t) \, dt. \tag{4.1.11}$$

利用式(4.1.9)、式(4.1.10)和式(4.1.11),得到

$$\hat{f}_i(\xi) - \hat{L}_i(\xi) = -\xi \int_{\xi}^{1} (1-t)\hat{f}_i''(t) \, dt - (1-\xi)\int_{0}^{\xi} (1-t)\hat{f}_i''(t) \, dt.$$

因此,推导出

$$\int_{0}^{1} [\hat{f}_i(\xi) - \hat{L}_i(\xi)]^2 \hat{g}_i(\xi) \, d\xi$$

$$= \int_{0}^{1} \left[-\xi \int_{\xi}^{1} (1-t)\hat{f}_i''(t) \, dt - (1-\xi)\int_{0}^{\xi} t\hat{f}_i''(t) \, dt \right]^2 \hat{g}_i(\xi) \, d\xi$$

$$\leqslant 2 \left[\int_{0}^{1} \xi^2 \left(\int_{\xi}^{1} (1-t)\hat{f}_i''(t) \, dt \right)^2 \hat{g}_i(\xi) \, d\xi \right] + \int_{0}^{1} (1-\xi)^2 \left(\int_{0}^{\xi} t\hat{f}_i''(t) \, dt \right)^2 \hat{g}_i(\xi) \, d\xi.$$

$$\tag{4.1.12}$$

定义

$$(1) \equiv \int_{0}^{1} \xi^2 \left(\int_{\xi}^{1} (1-t)\hat{f}_i''(t) \, dt \right)^2 \hat{g}_i(\xi) \, d\xi, \tag{4.1.13}$$

$$(2) \equiv \int_{0}^{1} (1-\xi)^2 \left(\int_{0}^{\xi} t\hat{f}_i''(t) \, dt \right)^2 \hat{g}_i(\xi) \, d\xi. \tag{4.1.14}$$

然后利用 Cauchy Schwartz 不等式,计算(1)如下:

$$(1) \leqslant \int_{0}^{1} \hat{g}_i(\xi) \xi^2 \left(\int_{\xi}^{1} (1-t)^2 \, dt \right) \left(\int_{\xi}^{1} t\hat{f}_i''(t) \, dt \right) d\xi$$

$$= \int_{0}^{1} \left(\hat{g}_i(\xi) \frac{\xi^2(1-\xi^2)}{3} \right) \left(\int_{\xi}^{1} t\hat{f}_i''(t) \, dt \right) d\xi$$

$$= \int_{0}^{1} \left(\int_{0}^{t} \hat{g}_i(\xi) \frac{\xi^2(1-\xi^2)}{3} \, d\xi \left(\hat{f}_i''(t) \right) \right)^2 dt, \tag{4.1.15}$$

其中,通过变换积分的位置得到式(4.1.15),相似地,可以计算(2):

$$(2) \leqslant \int_0^1 \hat{g}_i(\xi)(1-\xi)^2 \left(\int_0^\xi t^2 dt \right) \left(\int_0^\xi t \hat{f}_i''(t) dt \right)^2 d\xi$$

$$= \int_0^1 \left(\hat{g}_i(\xi) \frac{(1-\xi^2)\xi^3}{3} \right) \left(\int_0^\xi (\hat{f}_i''(t))^2 dt \right) d\xi$$

$$= \int_0^1 \left(\int_t^1 \hat{g}_i(\xi) \frac{(1-\xi^2)\xi^3}{3} d\xi \right) (\hat{f}_i''(t))^2 dt, \qquad (4.1.16)$$

根据式(4.1.12)至式(4.1.16)，得到

$$\int_0^1 [\hat{f}_i(\xi) - \hat{L}_i(\xi)]^2 \hat{g}_i(\xi) d\xi \leqslant 2 \int_0^1 \hat{G}(t)(\hat{f}_i''(t))^2 dt, \qquad (4.1.17)$$

其中，

$$\hat{G}(t) \equiv \int_0^t \hat{g}_i(\xi) \frac{(1-\xi^2)\xi^3}{3} d\xi + \int_t^1 \hat{g}_i(\xi) \frac{(1-\xi^2)\xi^3}{3} d\xi. \qquad (4.1.18)$$

利用式(4.1.17)进行基础计算，推导出

$$\int_{X_i}^{X_{i+1}} [L_i(S) - f(S)]^2 g(S) dS$$

$$= h_i \int_0^1 [f(X_i + h_i\xi) - L_i(X_i + h_i\xi)]^2 \hat{g}_i(\xi) d\xi$$

$$\leqslant 2h_i \int_0^1 \hat{G}(\xi) \left[\frac{d^2 f(X_i + h_i\xi)}{d\xi^2} \right]^2 d\xi$$

$$= 2h_i^5 \int_0^1 \hat{G}(\xi) f''(X_i + h_i\xi)^2 d\xi$$

$$= 2h_i^4 \int_{X_i}^{X_{i+1}} \hat{G}\left(\frac{S - X_i}{h_i} \right) (f''(S))^2 dS$$

$$= 2h_i^4 \int_{X_i}^{X_{i+1}} G(S)(f''(S))^2 dS, \qquad (4.1.19)$$

其中，

$$G(S) \equiv \hat{G}\left(\frac{S-X_i}{h_i} \right), \ S \in [X_i, \ X_{i+1}]. \qquad (4.1.20)$$

最终，完成定理 4.1.1 的证明。

4.2 新算法和收敛性分析

本节提出两种非线性收益函数的静态复制算法(使用欧式看涨期权和欧式看跌期权复制非线性收益函数)。第一种算法是当期权的执行价是 0 到无穷大之间可以任意选择时选择最优执行价的算法;第二种算法是当期权的执行价只有有限个且确定时选择最优权重的算法。

笔者设计了一个等分布方程来决定期权执行价 X_i, $i = 1, 2, \cdots, n-1$(两端值取固定的常数 X_0 和 X_n)以使定理 4.1.1 中的误差估计能够达到最优的收敛阶(从后面的数值结果可以看出,二次收敛在线性样条逼近下是最优的)。当一个不够平滑的函数逼近时,等分布方程思想是一个较好的算法并且能够自适应函数达到一个最优逼近的收敛阶。本节根据定理 4.1.1 定义了一个自适应函数,并且将自适应函数曲线包括的区域等分布得到等分布方程,通过这个等分布方程来选择期权执行价。计算等分布方程能够使用一个有效且可靠的迭代算法。本书将这个选择静态复制的期权执行价的算法称为等分布方程方法(Equidistribution Equation Method)。

Liu(2010)提出通过最小化期望区域(这个区域就是被非线性收益函数曲线及逼近的线性样条函数包围的区域)得到非线性代数方程以选择执行价,他运用迭代算法来解决这个问题,却没有进行收敛分析,而本书提出的等分布方程算法易于应用且能够证明其收敛阶。

4.2.1 新算法

本节中,需要决定执行价的值 X_i, $i = 1, 2, \cdots, n-1$(两端值 X_0 和 X_n 是固定的)以最小化在定理 4.1.1 中的误差界限。为了达成要求的目标,笔者定义一个等分布①方程。

根据 Huang(2005)，可定义一个自适应函数② ρ_i。为了能够更好地控制执行价的集中度而不损失逼近的收敛阶，需要介绍一个强度参数 α_h，

$$\alpha_h \equiv \left[\frac{1}{X_n - X_0} \sum_{i=0}^{n-1} h_i \left(\frac{1}{h_i} \int_{X_i}^{X_{i+1}} G(S)(f''(S)) \, \mathrm{d}S \right)^{\gamma/2} \right]^{2/\gamma}, \tag{4.2.1}$$

其中，$\gamma \in (0, 2]$，在定理 4.1.1 中的误差界限中，有下列不等式：

$$\sqrt{\sum_{i=0}^{n-1} \int_{X_i}^{X_{i+1}} [L_i(S) - f(S)]^2 g(S) \, \mathrm{d}S} \leqslant \sqrt{2\alpha_h \sum_{i=0}^{n-1} h_i^5 \left(1 + \frac{1}{\alpha_h h_i} \int_{X_i}^{X_{i+1}} G(S)(f''(S))^2 \, \mathrm{d}S \right)}.$$

根据上述不等式定义自适应函数

$$\rho_i \equiv \left(1 + \frac{1}{\alpha_h h_i} \int_{X_i}^{X_{i+1}} G(S)(f''(S)) \, \mathrm{d}S \right)^{\gamma/2}, \tag{4.2.2}$$

定义选择执行价 X_1, X_2, $\cdots$, X_{n-1} 的等分布方程为

$$h_i \rho_i = \frac{\sum_{j=0}^{n-1} h_i \rho_i}{n}, \quad i = 0, 1, \cdots, n-1, \tag{4.2.3}$$

该等分布方程[式(4.2.3)]能够写成一个相等的形式

$$\sum_{l=0}^{i-1} h_l \rho_l = \frac{i}{n} \sum_{j=0}^{i-1} h_j \rho_j, \quad i = 1, 2, \cdots, n. \tag{4.2.4}$$

定义一个连续分段函数

$$\bar{\rho}_X(x) = \rho_i,$$

当

$$x \in [X_i, X_{i+1}], \quad i = 0, 1, \cdots, n-1,$$

则等分布方程[式(4.2.4)]的形式可以被改写为

$$\int_{X_0}^{X_i} \bar{\rho}_X(x) \, \mathrm{d}x = \frac{i}{n} \int_{X_0}^{X_i} \bar{\rho}_X(x) \, \mathrm{d}x. \tag{4.2.5}$$

---

① 等分布的想法最初在数学论文中使用[如 Huang(2005)]。在数学领域，由于该论文将标的资产的条件分布考虑进来，仍具有额外的贡献。实际上，等分布思想非常直观，例如，在函数的曲线非常陡峭的区域将该函数曲线等长分段可以使相应横坐标上的自变量节点更加密集、逼近更加精确。Liu(2010)中的最小期望区域算法就是基于等分布逼近误差。本书的算法是通过等定理 4.1.1 里具有显示表达式的逼近误差的上界来设计的。

② 注意：α_h 是一致有界的。Huang(2005)提出，得到最小误差界限的最优值为 $\gamma = 2/5$。

需要注意到等分布方程[式(4.2.5)]或者其等价方程[式(4.2.3)、式(4.2.4)]不能求出解析解。因此，要提出一个简单又有效的算法来求解该等分布方程。

算法 4.2.1：迭代等分布方程算法(Iterative Equidistribution Equation Algorithm)设初值

$$X_0^{(0)} = X_0,\ \cdots,\ X_i^{(0)} = X_0 + i\frac{X_n - X_0}{n},\ \cdots,\ X_n^{(0)} = X_n,$$

则可以使用下面的迭代公式计算第$(k+1)$步的值，其中$k = 0,\ 1,\ \cdots,\ n-1$。

$$\int_{X_0^{(k+1)}}^{X_i^{(k+1)}} \overline{\rho}_{X^{(k)}}(x)\,\mathrm{d}x = \frac{i}{n}\int_{X_0^{(k)}}^{X_n^{(k)}} \overline{\rho}_{X^{(k)}}(x)\,\mathrm{d}x, \tag{4.2.6}$$

其中，$X_0^{(k+1)} \equiv X_0$，$X_n^{(k+1)} \equiv X_n$，并且$\overline{\rho}_{X^{(k)}}(x)$是一个分段常数函数，定义如下：

$$\overline{\rho}_{X^{(k)}}(x) = \rho_i^{(k)}$$

当

$$x \in \left[X_i^{(k)},\ X_{i+1}^{(k)}\right],\ i = 0,\ 1,\ \cdots,\ n-1,$$

其中，$\rho_i^{(k)}$ 为在表达式(4.2.1)中将$X_i^{(k)}$代替X_i而得。

在迭代公式[式(4.2.6)]中的分段常数函数$\overline{\rho}_{X^{(k)}}$的定义在第$k$步的网格$X^{(k)}$上。为了得到这个积分，需要知道第$k$步的区间，这个区间由第$(k+1)$步的点$X_i^{(k+1)}$决定。令$j$指数为第$k$步的区间$(X_j^{(k)},\ X_{j+1}^{(k)}]$，并且第$(k+1)$步的点$X_i^{(k+1)}$就落入这个区间，即$X_i^{(k+1)} \in (X_j^{(k)},\ X_{j+1}^{(k)}]$。使用式(4.2.6)，可以得到下列形式：

$$\sum_{j=0}^{j-1} h_l^{(k)}\rho_l^{(k)}\ <\ \frac{i}{n}\sum_{l=0}^{n-1} h_l^{(k)}\rho_l^{(k)}\ \leqslant\ \sum_{l=0}^{j} h_l^{(k)}\rho_l^{(k)},$$

这就意味着

$$X_j^{(k)} < X_j^{(k+1)} \leqslant X_{j+1}^{(k)}.$$

通过上面不等式可以计算出指数j。

因此，迭代公式[式(4.2.6)]可确定下列结果：

$$X_i^{(k+1)} = X_j^{(k)} + \dfrac{\dfrac{i}{n}\sum_{l=0}^{n-1} h_l^{(k)}\rho_l^{(k)}\ -\ \sum_{j=0}^{n-1} h_l^{(k)}\rho_l^{(k)}}{\rho_j^{(k)}},\ i = 1,\ \cdots,\ n-1, \tag{4.2.7}$$

其中，

$$h_l^{(k)} \equiv X_{l+1}^{(k)} - X_l^{(k)}.$$

在计算中，使用算法 4.2.1 时，需要固定执行价 X_0 和 X_n，以及选择执行价 X_k，$k = 1, 2, \cdots, n-1$。同时，需要计算式(4.2.7)中的 $p_j^{(k)}$，$j = 0, 1, \cdots, n-1$。当 $\gamma = 2/5$ 时，通过求积公式近似求得 $p_j^{(k)}$，如使用矩形法则，得

$$p_j^{(k)} \approx \left(1 + \frac{G(X_{j+1}^{(k)})(f''(X_{j+1}^{(k)})^2)}{\dfrac{1}{X_n - X_0} \sum_{l=0}^{n-1} h_l^{(k)} (G(X_{l+1}^{(k)})^{\frac{1}{5}} (f''(X_{l+1}^{(k)})^{\frac{2}{5}}} \right),$$

并且

$$G(X_{l+1}^{(k)}) = \hat{G}(1) = \int_0^1 \hat{g}_l(\xi) \frac{\xi^2 (1 - \xi^2)}{3} \mathrm{d}\xi^2,$$

$$\hat{g}_l(\xi) \equiv g(X_l + h_l(\xi)).$$

序列 $X_i^{(k)}$，$i = 0, 1, \cdots, n$，通过迭代方程[式(4.2.6)]或者等价形式，如式(4.2.7)]产生，随着迭代数量→ $+\infty$，收敛于 X_i，$i = 0, 1, \cdots, n$，通过等分布方程[式(4.2.3)]产生或着其他等价形式，如式(4.2.4)、式(4.2.5)产生，这已经被 Xu 等(2011)证明，此处不再赘述。只需要继续分析其收敛阶，即使用等分布方程方法选择静态复制期权执行价来逼近非线性收益函数的收敛阶。

4.2.2 收敛性分析

由于期权执行价的分布特性为非均匀分布，误差估计式(4.1.1)不能表现逼近的收敛阶。在下述定理中，我们提出了通过等分布方程[式(4.2.3)]得到的期权执行价的收敛阶。

定理 4.2.1 假设 f 是一个在区间[X_0，X_n]上连续的函数，并且在(X_i，X_{i+1})，$i = 0, 1, \cdots, n-1$ 上二次连续可微，使用选择执行价 X_i，$i = 0, 1, \cdots, n$ 的等分布方程[式(4.2.3)]或者等价形式，如式(4.2.4)、式(4.2.5)和分段线性方程[式(4.1.1)]逼近非线性收益函数 $f(S)$ 的收敛阶如下：

$$\sqrt{\sum_{i=0}^{n-1} \int_{X_i}^{X_{i+1}} [L_i(S) - f(S)]^2 g(S) \mathrm{d}S} \leqslant C n^{-2},$$

其中，C 为正常数，并且独立于执行价 X_i，$i = 0, 1, \cdots, n$，n 是复制算法中期权执行价的数量。

证明：根据 Huang（2005）的理论，使用一个不同的测度，证明该定理。首先，证明 $\sum_{j=0}^{n-1} h_j \rho_j$ 是有界的。根据 Jensen 不等式，有

$$\sum_{j=0}^{n-1} h_j \rho_j = \sum_{j=0}^{n-1} h_j \left(1 + \alpha_h^{-1} \left(\frac{1}{h_j} \int_{X_i}^{X_{i+1}} G(S)(f''(S))^2 dS \right) \right)^{\gamma/2}$$

$$\leqslant \sum_{j=0}^{n-1} h_j \left(1 + \alpha_h^{-\gamma/2} \left(\frac{1}{h_j} \int_{X_i}^{X_{i+1}} G(S)(f''(S))^2 dS \right) \right)^{\gamma/2}$$

$$= (X_n - X_0) + \alpha_h^{-\gamma/2} \sum_{j=0}^{n-1} h_j \left(\frac{1}{h_j} \int_{X_i}^{X_{i+1}} G(S)(f''(S))^2 dS \right)^{\gamma/2}$$

$$= (X_n - X_0) + \alpha_h^{-\frac{\gamma}{2}}(X_n - X_0)\alpha_h^{\frac{\gamma}{2}}$$

$$= 2(X_n - X_0) \tag{4.2.8}$$

根据定理 4.1.1 的误差界限、α_h 的定义及 ρ_i 的定义，得到

$$\sqrt{\sum_{i=0}^{n-1} \int_{X_i}^{X_{i+1}} [L_i(S) - f(S)]^2 g(S) dS} \leqslant \sqrt{2\sum_{i=0}^{n-1} h_i^5 \left(\alpha_h + \frac{1}{h_j} \int_{X_i}^{X_{i+1}} G(S)(f''(S))^2 dS \right)}$$

$$\leqslant \sqrt{2\alpha_h \sum_{i=0}^{n-1} h_i^5 \left(1 + \frac{1}{\alpha_h h_j} \int_{X_i}^{X_{i+1}} G(S)(f''(S))^2 dS \right)}$$

$$= \sqrt{2\alpha_h \sum_{i=0}^{n-1} h_i^5 \rho_i^{2/\gamma}} \tag{4.2.9}$$

令 $\gamma = 2/5$。将式（4.2.8）合并到式（4.2.9）中，并使用式（4.2.3）中的定义，得到

$$\sqrt{\sum_{i=0}^{n-1} \int_{X_i}^{X_{i+1}} [L_i(S) - f(S)]^2 g(S) dS} \leqslant \sqrt{2\alpha_h \sum_{i=0}^{n-1} h_i \rho_i (h_i \rho_i)^4}$$

$$= \sqrt{2\alpha_h \sum_{i=0}^{n-1} h_i \rho_i \left(\frac{\sum_{j=0}^{n-1} h_j \rho_j}{n} \right)^4}$$

$$= \sqrt{2\alpha_h \left(\sum_{j=0}^{n-1} h_j \rho_j \right)^5 n^{-2}}$$

$$\leqslant \sqrt{2^6 \alpha_h (X_n - X_0)^5 n^{-2}}$$

$$\leqslant Cn^{-2},$$

其中，在最后的不等式中，基于 α_h 是不一致有界的。可以通过下面证明。根据 $G(S)$（见定理 4.1.1）的定义，可以看出 $G(S)$ 在 $[X_0, X_n]$ 上有一个一致上界，并且 $X_0 \equiv X_{\min}$ 及 $X_n \equiv X_{\max}$ 是固定的。因此，可得

$$\alpha_h \leqslant \left[\frac{C}{X_n - X_0}\right]^{\frac{2}{\gamma}} \left[\sum_{i=0}^{n-1} h_i \left(\frac{1}{h_i}\int_{X_i}^{X_{i+1}} (f''(S))^2 \mathrm{d}S\right)^{\frac{\gamma}{2}}\right]^{\frac{2}{\gamma}}$$

$$= \left[\frac{C}{X_{\max} - X_{\min}}\right]^{2/\gamma} \tilde{\alpha}_h,$$

其中，

$$\tilde{\alpha}_h \equiv \left[\sum_{i=0}^{n-1} h_i \left(\frac{1}{h_i}\int_{X_i}^{X_{i+1}} (f''(S))^2 \mathrm{d}S\right)^{\gamma/2}\right]^{2/\gamma}.$$

注意：$\tilde{\alpha}_h$ 的界限服从下列下界和上界黎曼和（Riemann Sums）：

$$\left[\sum_{i=0}^{n-1} h_i \min_{S \in [X_i, X_{i+1}]} (f''(S))^\gamma\right]^{2/\gamma} \leqslant \tilde{\alpha}_h \leqslant \left[\sum_{i=0}^{n-1} h_i \max_{S \in [X_i, X_{i+1}]} (f''(S))^\gamma\right]^{2/\gamma},$$

则随着 $n \rightarrow +\infty$，$\tilde{\alpha}_h$ 收敛于其连续形式

$$\tilde{\alpha}_h \rightarrow \left[\int_{X_0}^{X_n} (f''(S))^\gamma \mathrm{d}S\right]^{2/\gamma} = \left[\int_{X_{\min}}^{X_{\max}} (f''(S))^\gamma \mathrm{d}S\right]^{2/\gamma},$$

因此，$\tilde{\alpha}_h$ 是一致有界的。定理 4.2.1 证毕。

4.2.3　不完全市场下的静态复制新算法

期权市场中，通常期权的执行价并不是无限的，而是由一些有限的、固定执行价的期权交易。市场中不可能出现经济理论中假设的那样，期权的执行价不是从 0 到无穷大。因此，需要期权的执行价固定在一些价格的基础上，使用不完全市场下的静态复制算法。假设这些固定执行价为 $\overline{X}_j$，$j = 1, 2, \cdots, n$，并且为递增序列。选择一个由看涨期权组成的组合在到期日来复制非线性收益函数 $f(S)$。

$$f(S) \approx \Pi \equiv \sum_{j=1}^{n} w_j (S - \overline{X}_j)^+,$$

其中，w_i，$i = 1, 2, \cdots, n$ 为使目标函数（逼近误差）最小的参数。

$$V(w_1, w_2, \cdots, w_n) \equiv \int_0^\infty [f(S) - \Pi]^2 g(S) \mathrm{d}S.$$

最小值的一阶条件导致了下列方程：

$$Qw = u,$$

并且

$$Q = (q_{ij})_{i,j=1,2,\cdots,n},$$

$$w = (w_1, \ w_2, \ \cdots, \ w_n)^T,$$

$$u = (u_1, \ u_2, \ \cdots, \ u_n)^T,$$

和

$$q_{ij} = \int_{\max(\overline{X}_i, \overline{X}_j)}^{\infty} (S - \overline{X}_i)(S - \overline{X}_j)g(S)\mathrm{d}S, \ i, \ j = 1, \ 2, \ \cdots, \ n, \qquad (4.2.10)$$

$$u_i = \int_{\overline{X}_i}^{\infty} (S - \overline{X}_i)f(S)g(S)\mathrm{d}S, \ i = 1, \ 2, \ \cdots, \ n. \qquad (4.2.11)$$

通常，对于复杂的非线性收益函数 f，没有 u_i 的可解析方程，需要使用数值方法。令

$$\widetilde{f}(S) \equiv (S - \overline{X}_i) + f(S),$$

则

$$u_i = \int_0^{\infty} \widetilde{f}(S)g(S)\mathrm{d}S = E[\widetilde{f}(S_T)],$$

可以看出，在 4.2.1 节中的静态复制算法能够使用到新的非线性函数 $\widetilde{f}(S)$。由于 $\widetilde{f}(S)$ 在点 $S = \overline{X}_i$ 不连续，在算法 4.2.1 的应用中，设置 $X_0 \equiv \overline{X}_i$。

在大多数情况下，式(4.2.10)中的 q_{ij} 能够直接计算出来。例如，在对数正态分布下(章节 4.4 的模型假设)，q_{ij} 能通过下面公式计算(Liu，2010)：

$$q_{ij} = S_0^2 \varphi(d_0)\mathrm{e}^{2r+\sigma^2} - (\overline{X}_i + \overline{X}_j)S_0\varphi(d_1)\mathrm{e}^{rt} + \overline{X}_i\overline{X}_j\varphi(d_2),$$

其中，φ 是标准正态分布的累积分布函数，并且

$$d_1 = \frac{\ln\left[\dfrac{S_0}{\max\{\overline{X}_1, \ \overline{X}_j\}}\right] + \left(r + \dfrac{\sigma^2}{2}\right)T}{\sigma\sqrt{T}},$$

$$d_2 = d_1 - \sigma\sqrt{T}, \ d_0 = d_1 + \sigma\sqrt{T}.$$

4.3　数值算例及应用

4.3.1　对数正态模型下新算法应用

选择离散的执行价之后，使用式(4.1.2)来静态复制。因为对于极小的执行价 X_0 和极大的执行价 X_n、$1_{S<X_0}$ 和 $1_{S>X_n}$ 的概率非常小，在式(4.1.2)中的第一、第二项对整个复制结果影响非常小(如4.1节所述)，所以可以忽略不计。因此，可使用来源于 Demeterfi 等(1999)的公式代替：

$$f(S) \approx L_k(X_k) + \sum_{i=1}^{k-1}(b_i - b_{i-1})(X_i - S)1_{S<X_i} - b_{k-1}(X_k - S)1_{S<X_k} +$$
$$b_k(S - X_k)1_{S>X_k} + \sum_{i=k+1}^{n-1}(b_i - b_{i-1})(S - X_i)1_{S>X_i}.$$

令 S 在风险中性下为对数正态分布，则 $\ln S$ 是正态分布，该均值为 $S_0 + \left(r - \dfrac{\sigma^2}{2}\right)T$ 且方差为 $\sigma^2 T$。其中，r 为无风险利率常数，σ 为波动率常数，T 为到期日(Wilmott et al.，1995)。因此，S 的密度函数为

$$g(S) = \frac{1}{\sigma\sqrt{T}}\frac{1}{S}\varphi\left(\frac{\ln\left(\dfrac{S}{S_0} - \left(r - \dfrac{\sigma^2}{2}\right)T\right)}{\sigma\sqrt{T}}\right),$$

其中，$\varphi(x) = \dfrac{1}{\sqrt{2\Pi}}e^{-\frac{1}{2}x^2}$ 为标准正态分布的密度函数。

例4.3.1：一个方差互换：使用下面的非线性收益函数

$$f(S) = \frac{2}{T}\left(\frac{S - S_0}{S_0} - \ln\frac{S}{S_0}\right). \tag{4.3.1}$$

该函数与 Liu(2010)及 Demeterfi 等(1999)中的非线性收益函数一样。该收益为波动率每变动一个小数点的平方，就得到 100 美元。参数设置如下：标的资产价格 $S_0 = 100$，无风险利率 $r = 5\%$，到期日 $T = 0.25$、0.5、1，波动率 $\sigma = 20\%$、

30%、60%。随着标的资产的波动率 σ 的增大，需要降低 $X_{\min}$ 的值并且增加 $X_{\min}$ 的值使概率 $P(S<X_{\min})$ 和 $P(S>X_{\max})$ 能够继续保持非常小，从而可以忽略其影响。因此，$[X_{\min}, X_{\max}]$ 也变得更大，就需要更多的网格点 n 以保证算法的精确性。使用算法 4.2.1，当波动率 $\sigma=20\%$ 时，在 45—140 选择 18 个执行价；当波动率 $\sigma=30\%$ 时，在 25—200 选择 78 个执行价；当波动率 $\sigma=60\%$ 时，在 15—300 选择 158 个执行价。数值计算结果是以波动率每变动一个小数点的平方就得到 100 美元的设置而呈现。从表 4-1 中可以看出，使用公式算出的复制价值与真实的非线性收益函数非常接近。并且，当选择的参数与 Liu(2010) 中的参数一致时，即 $T=0.25$ 和 $\sigma=20\%$，复制价值为 4.1122。该值比 Liu(2010) 使用最小区域算法和简单分段切片算法所得的 4.2149 和 4.1773 更加精确，但是没有 Liu(2010) 使用最小期望区域算法所得的值 4.0700 精确。最小期望区域算法需要利用一个复杂非线性方程 [Liu(2010) 中的方程(7)] 得到所需节点，而该方程求解非常困难。而算法 4.2.1 所示方程选择节点求解较方便。更加重要的是，4.2.2 节提供了算法 4.2.1 的收敛性定理。

表 4-1 算法 4.2.1 的复制价值结果

T	σ		
	20%	30%	60%
0.25	4.1122(4.0123)	8.9664(8.9502)	35.6283(35.6148)
0.50	4.0729(4.0242)	8.9114(8.9007)	35.2220(35.2341)
1.00	3.9718(4.0467)	8.7864(8.8029)	34.2173(34.4861)

注：在括号外的结果是使用算法 4.2.1 计算出的复制价值，括号内是非线性收益函数的真实值。该数值结果显示以波动率每变动一个小数点的平方就得到 100 美元的设置而呈现。

在表 4-2 中，测试算法 4.2.1 的收敛阶，参数设置为 $S_0=100$，$r=5\%$，$T=0.25$，$\sigma=20\%$。通过增加 45~200 的执行价的数量，计算各个复制价值。从表 4-2 中可以看出，在给定非线性收益函数(4.3.1)下，随着执行价数量 n 趋于无穷大，复制价值收敛于真实值(4.0123)。再者，下面给出如何测试收敛阶。令 $TRV(n)$ 表示当执行价数量为 n 时的复制价值。假设算法 4.2.1 的收敛阶为 p，则

$$\mid \text{Error} \mid \equiv \mid \text{TRV}(n) - (\text{TrueValue}) \mid = O(n^{-p}), \quad (4.3.2)$$

其中，$O(n^{-p})$ 存在一个正常数 C，使

$$O(n^{-p}) \approx Cn^{-p},$$

两边同时取对数得

$$\log \mid \text{Error}(n) \mid \approx \log C - p \log n. \quad (4.3.3)$$

同样地，

$$\log \mid \text{Error}(2n) \mid \approx \log C - p \log(2n). \quad (4.3.4)$$

将式(4.3.3)和式(4.3.4)联合起来，得到检测收敛阶的公式

$$p \approx \frac{\log(\mid \text{Error}(n) \mid / \mid \text{Error}(2n) \mid)}{\log 2}. \quad (4.3.5)$$

在表4-2中，使用式(4.3.5)计算 p 的值，得到 $p \approx 2$。表示算法4.2.1的收敛阶为2，这与4.2.2节的理论值是一致的。

表 4-2 复制算法 4.2.1 的收敛阶

执行价数量(n)	复制价值 TRV(n)	Error(n)	收敛阶(p)
20	4.1651	0.1528	—
40	4.0484	0.0361	2.1
80	4.0211	0.0088	2.0
160	4.0145	0.0022	2.0
320	4.0128	0.0005	2.1
640	4.0124	0.0001	2.1

注：该数值结果显示以波动率每变动一个小数点的平方就得到100美元的设置而呈现。

表4-3测试了在非线性收益函数下的不完全市场下的静态复制算法，参数设置为 $S_0 = 100$、$r = 5\%$、$T = 0.25$、$\sigma = 20\%$。选择的期权执行价[①]为 {50，70，100，110，130}。最优权重和复制价值通过4.2.3节中的不完全市场下的复制算法计算得到。表4-3中的复制价值4.0224与真实值4.0123非常接近，表明复制效果较好。

---

① 在实际金融市场上使用复制方法时，期权的执行价可从实际交易的期权执行价中选择。

表4-3 不完全市场下的静态复制算法数值结果

执行价	权重	期权价值	当前所需成本
50	1.7393	50.6211	88.0450
70	-3.3196	30.8698	-102.4741
90	1.2107	11.6701	14.1288
100	0.7073	4.6150	3.2642
110	0.8639	1.1911	1.0290
130	1.2973	0.0228	0.0296
复制价值			4.0224

注：该数值结果显示以波动率每变动一个小数点的平方就得到100美元的设置而呈现，且市场允许卖空（权重为负值表示卖空数量）。

Carr 和 Chou（1997）、Carr 等（1998）、Takahashi 和 Yamazaki（2009）、Carr 和 Wu（2013）在静态对冲中使用生成关系（Spanning Relation）。在到期日 T，对于任意的二次连续可微函数 f，在点 $X_{\min}$ 进行泰勒展开（Taylor Expansion）得到生成关系（Spanning Relation）：

$$f(S) = f(X_{\min}) + f'(X_{\min})(S - X_{\min}) +$$
$$\int_0^{X_{\min}} f''(\mathcal{K})(\mathcal{K} - S)^+ \, d\mathcal{K} + \int_{X_{\min}}^{\infty} f''(\mathcal{K})(S - \mathcal{K})^+ \, d\mathcal{K}.$$

选择一个非常小的 $X_{\min}$ 和非常大的 $X_{\max}$ 以使概率 $P(S < X_{\min})$ 与概率 $P(S > X_{\max})$ 非常小。于是，上述等式可以得到一个近似等式：

$$f(S) \approx f(X_{\min}) + f'(X_{\min})(S - X_{\min}) + \int_{X_{\min}}^{X_{\max}} f''(\mathcal{K})(S - \mathcal{K})^+ \, d\mathcal{K}.$$

将对冲应用到实际还需要将积分离散，可以使用下面的 Gauss-Legendre 二次方程式：

$$\int_a^b f''(\mathcal{K})(S - \mathcal{K})^+ \, d\mathcal{K} \approx \sum_{i=1}^n W_i f''(\mathcal{K}_i)(S - \mathcal{K}_i)^+, \tag{4.3.6}$$

并且

$$W_i = \frac{b-a}{2} \omega_i,$$

$$\mathcal{K}_i = \frac{b-a}{2}z_i + \frac{a+b}{2}, \quad i=1, 2, \cdots, n,$$

其中，Gauss 点 z_i，$i=1, 2, \cdots, n$，是 n 阶标准化 Legendre 多项式 $P_n(x)$ 的根，以及权重 $\omega_i(i=1, 2, \cdots, n)$ 的值由下列公式给出：

$$\omega_i = \frac{2}{(1-z_i)^2 \left[P_n'(z_i) \right]^2},$$

Gauss 点 z_i，$i=1, 2, \cdots, n$ 和权重 $\omega_i\, i=1, 2, \cdots, n$（Abramowitz and Stegun，1965）。将积分写成

$$\int_{X_{\min}}^{X_{\max}} f''(\mathcal{K})(S-\mathcal{K})^+ \, \mathrm{d}\mathcal{K} = \sum_{j=0}^{m-1} \int_{\mathcal{C}_j}^{\mathcal{C}_{j+1}} f''(\mathcal{K})(S-\mathcal{K})^+ \, \mathrm{d}\mathcal{K},$$

并且

$$\mathcal{C}_j = X_{\min} + \frac{X_{\max} - X_{\min}}{m}j, \quad j=0, 1, \cdots, m,$$

然后将 Gauss-Legendre 二次方程式［式(4.3.6)］应用到每个子积分：

$$\int_{\mathcal{C}_j}^{\mathcal{C}_{j+1}} f''(\mathcal{K})(S-\mathcal{K})^+ \, \mathrm{d}\mathcal{K},$$

以及

$$a \equiv \mathcal{C}_j, \quad b = \mathcal{C}_{j+1}.$$

上述方法被称为生成关系方法（Spanning Relation Method）。

以方差互换为例，在参数设置为 $r=5\%$、$S_0=100$、$T=0.25$、$\sigma=20\%$，比较在等分布方程方法下的对冲效果与生成关系方法下的对冲效果。对冲误差定义为

$$\hat{f}(S) - f(S).$$

其中，$\hat{f}(S)$ 由静态对冲组合在零时刻的值得到。对冲误差的统计性描述由蒙特卡罗方法（Monte-Carlo）计算得出。使用生成关系方法时，取 $X_{\min}=45$ 与 $X_{\max}=140$，并且对于每个子积分［子积分得数量为 $m=2$、4、8、16（期权不同执行价的数量为 10、20、40、80）］使用五个点的 Gauss-Legendre 二次方程式。数值结果见表 4-4。方差互换的真实值为 4.0123。

表 4-4 对冲误差的统计性描述

静态对冲	等分布方程方法 (Equidistribution Equation Method)				生成关系方法 (Spanning Relation Method)			
分段点数量	20	40	80	160	10	20	40	80
均值	0.1542	0.0365	0.0089	0.0022	−0.0026	−0.0004	−0.0003	−0.0003
标准差	0.1015	0.0232	0.0057	0.0014	0.3406	0.1093	0.0353	0.0322
最大值	3.0594	0.7589	0.1591	0.0432	0.9884	0.2446	0.0683	0.0180
最小值	1.1E−0.5	7.4E−0.7	9.8E−0.8	1.1E−0.8	−4.0413	−6.9229	−4.1317	−7.6547
偏度	3.7674	3.6587	3.7182	3.5360	−0.7892	−5.8809	−36.54	−168.61
峰度	45.3871	56.4423	50.5866	48.0058	3.7934	277.59	3383	35419
期权价值	4.1651	4.0484	4.0211	4.0145	3.9936	4.0097	3.9866	4.0262

注：该数值结果显示以波动率每变动一个小数点的平方就得到100美元的设置而呈现。

对于等分布方法，对冲误差（均值、方差、最小值、最大值）随分段点的数量的增加而减少。最小对冲误差总是大于0表示对冲组合是一个上一对冲组合（Super-hedging Portfolio）。这个结论显而易见，因为方差互换是一个凸函数，而线性样条逼近则在该收益函数上方。静态对冲组合的值在零时刻大于目标收益函数的真实值，超过的部分可以看成上一对冲的溢价。

对于生成关系方法，对冲误差（平均、方差、最大值）也随着分段点的增加而减少，但是减少速度较慢。与笔者的算法相反，最小对冲误差总是负值并且不随着分段点的数量的增加而趋近于0，这表明静态对冲组合没有完全对冲方差互换并且差额−7.6547在某些情况下非常明显，即使分段点数量80已经足够大了，静态对冲组合值4.0262仍然比真实值4.0123要大。该数值算例表明等分布方程方法优于生成关系方法。

图4-1刻画了方差互换的收益函数曲线和等分布方程方法的线性样条逼近（参数设置为$T=0.25$、$\sigma=20\%$、$S_0=100$、$r=5\%$、$K=0.01$，以及期权执行价数量为20）。如图4-1所示，方差互换收益能够被线性样条和选定的执行价较好地逼近。图4-2刻画了等分布方程方法中用于选择期权执行价的自适应函数[式(4.2.2)]及被自适应函数曲线包围的区域。可以看出，等分布方程[式(4.2.3)]是使用自适应函数曲线将包围区域等分。

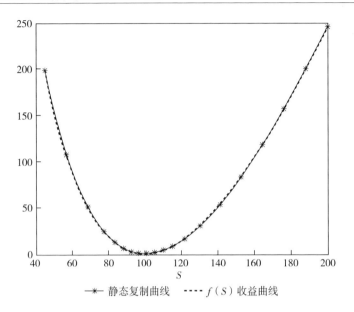

图 4-1　方差互换收益函数曲线及该函数线性样条逼近

注：在逼近曲线上的星号"＊"对应的横轴点表示通过等分布方程算法计算出来的期权执行价。

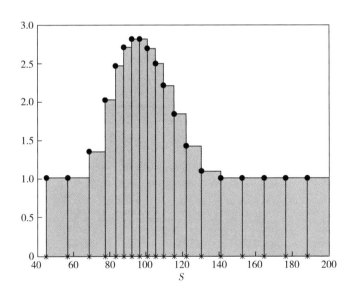

图 4-2　自适应函数及被自适应函数曲线包围的区域

注：加粗线段为自适应函数曲线，圆点对应的横轴为执行价。

例 4.3.2：一个互换期权：考虑下面的非线性收益函数

$$f^c(S) = \left(\frac{2}{T} \left(\frac{S-S_0}{S_0} - \ln \frac{S}{S_0} \right) - K \right)^+ . \tag{4.3.7}$$

使用算法 4.2.1 来计算非线性收益函数[式(4.3.7)]的复制值。非线性收益函数[式(4.3.7)]为看涨互换期权，其收益曲线如图 4-3 所示。

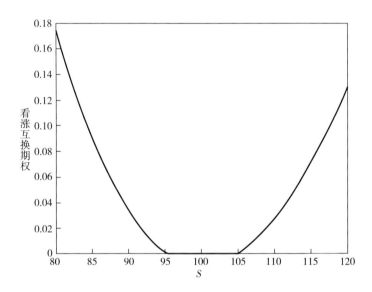

图 4-3 非线性收益函数[式(4.3.7)]图形，参数设置为 $S_0 = 100$、$T = 0.25$、$K = 0.01$

从图 4-3 中可以看出，当 S 趋于无穷大时，该函数收益为无穷大，虽然实际金融市场中的股票价格在一定的区间范围内（如前面所述，极端的股票价格的概率几乎为 0）。但为了更加精确和方便地计算，可以复制下列看跌互换期权的收益函数：

$$f^p(S) = \left(K - \frac{2}{T} \left(\frac{S-S_0}{S_0} - \ln \frac{S}{S_0} \right) \right)^+ . \tag{4.3.8}$$

看跌互换期权收益函数[式(4.3.8)]的图形见图 4-4。从图 4-4 中可以看出，该函数有两端值，计算上较方便且精确。

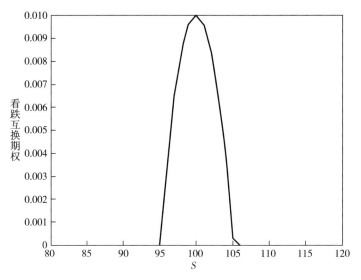

图 4-4 看跌互换期权收益函数[式(4.3.8)]图形，参数设置为 $S_0=100$、$T=0.25$、$K=0.01$

然后通过看涨期权和看跌期权平价公式计算看涨互换期权：

$$\mathrm{e}^{-rt}E[f^c(S)]=\mathrm{e}^{-rt}E[f^p(S)]+\mathrm{e}^{-rt}E\left[\frac{2}{T}\left(\frac{S-S_0}{S_0}-\ln\frac{S}{S_0}\right)\right]-\mathrm{e}^{-rt}K$$

$$=\mathrm{e}^{-rt}E[f^p(S)]+\frac{2}{T}-\mathrm{e}^{-rt}\left(2r-\sigma^2+\frac{2}{T}+K\right).$$

令

$$h(S)=K-\frac{2}{T}\left(\frac{S-S_0}{S_0}-\ln\frac{S}{S_0}\right),\quad S\geqslant 0.$$

由图 4-5 可以看出，函数 $h(S)$ 是凸函数，并且在点 $S=S_0=10$ 处为函数最大值，同时跟 $Y=0$ 只相交于两点，左右两端点分别为 S_L 和 S_R。实际上，这些性质能够轻易地从下面公式看出：

$$h''(S)=-\frac{2}{T}\frac{1}{S^2}<0,$$

$$h'(S_0)=0,$$

$$h(S_0)=K>0,$$

$$h(0)=-\infty,$$

$$h(\infty)=-\infty.$$

下列非线性方程的解由 S_L 和 S_R 表示

$$h(S) = 0,$$

则复制过程中所需的执行价从 S_L 和 S_R 之间选择。S_L 和 S_R 的值通过牛顿迭代算法得到

$$S^{(k)} = S^{(k-1)} - \frac{h(S^{(k-1)})}{h'S^{(k-1)}}, \ k = 1, \ 2, \ \cdots, \ k \tag{4.3.9}$$

其中,

$$h'(S) = \frac{2}{T}\left(\frac{1}{S} - \frac{1}{S_0}\right).$$

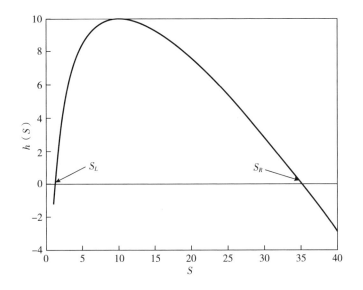

图 4-5 函数 $h(S)$ 图形,参数设置为 $S_0 = 100$、$T = 0.25$、$K = 0.01$

如果设置初值 $S^{(0)} = S_L^-$,其中 S_L^- 是在 0 到 S_L 之间的任一数值,则根据牛顿迭代算法[式(4.3.9)]收敛到 S_L。如果设置初值 $S^{(0)} = S_R^-$,其中 S_R^- 是大于 S_R 的任一数值,则根据牛顿迭代算法[式(4.3.9)]收敛到 S_R。

举例,设置参数为 $S_0 = 100$、$r = 5\%$、$K = 0.01$,其他参数设置如表 4-5 所示。使用牛顿迭代算法[式(4.3.9)],得到当 $T = 0.25$ 时, $S_L \approx 95.0840$, $S_R \approx$ 105.0827;当 $T = 0.5$ 时, $S_L \approx 93.0956$, $S_R \approx 107.2377$;当 $T = 1$ 时, $S_L \approx$

90.3319，$S_R \approx 110.3351$；使用算法 4.2.1 来选择 S_L 和 S_R 之间的 18 个执行价。

表 4-5　复制非线性收益函数互换期权[式(4.3.7)]的算法 4.2.1 的复制结果

T	σ		
	20%	30%	60%
0.25	3.2796(3.2791)	8.1353(8.1469)	34.7138(34.6813)
0.50	3.2998(3.3019)	8.0960(8.0907)	34.3438(34.3599)
1.00	3.3389(3.3457)	8.0180(8.0034)	33.6168(33.5928)

注：在括号外的结果是使用算法 4.2.1 计算出的复制价值，括号内是蒙特卡罗模拟结果(模拟路径数量为 1000000 条)。该数值结果显示以波动率每变动一个小数点的平方就得到 100 美元的设置而呈现。

该复制算法也能够应用到非线性路径依赖收益函数。例如，考虑 $f(M_T)$ 及 $M_T = \max\limits_{0 \leqslant t \leqslant T} S_t$。从 Shreve(2004)可知，$M_T$ 的偏微分方程有显示表达式。因此，算法 4.2.1 能够使用，并且可以使用收益为 $1_{M_T > K}$ 的一组障碍期权和收益为 $(M_T - K)^+$ 的回望期权来复制 $f(M_T)$ 的价值。

看跌互换期权的收益函数及该函数线性样条逼近，如图 4-6 所示。从图 4-6 中可以看出，以线性样条方式来选择的期权执行价很好地逼近了看跌互换期权的收益函数。

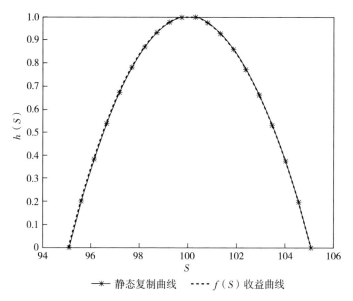

图 4-6　看跌互换期权收益函数及其线性样条逼近曲线

4.3.2 交易对手风险模型下新算法应用

在本节中，考虑一个存在交易对手风险（Counterparty Risk）的风险资产的金融市场模型：风险资产中存在对手违约的风险。但是，该股票依然存在，并且在交易对手违约之后仍然在交易。

令 $W=(W_t)_{t\in[0,T]}$ 为在测度空间 $(\Omega,\mathcal{G},P)$ 中一段有限时间 $T>\infty$ 上的布朗运动。并且 W 的自然 σ 域流为 $\mathbb{F}=(\mathcal{F}_t)_{t\in[0,T]}$。令 τ 为非负的并且在 $(\Omega,\mathcal{G},P)$ 上的随机变量，代表违约时间。在违约时间 τ 之前，域流 $\mathbb{F}$ 代表投资者的可得信息。在违约发生之后，投资者将此新信息 τ 加入域流 $\mathbb{F}$。

将风险资产价格 S_t 写成下列形式：

$$S_t = S_t^{\mathbb{F}}1_{t<\tau} + S_t^d 1_{t\geq\tau},\ 0<t\leq T,$$

其中，$S_t^{\mathbb{F}}$ 为 $\mathbb{F}$ 适应的，$S_t^d(\theta)$ 为 θ 可测和 $\mathbb{F}$ 适应的。接着，假设标的资产价格在测度下服从以下过程：

$$dS_t^{\mathbb{F}} = S_t^{\mathbb{F}}(\mu^{\mathbb{F}}dt + \sigma^{\mathbb{F}}dW_t),\ 0\leq t<\tau, \tag{4.3.10}$$

$$dS_t^d(\tau) = S_t^d(\tau)((\mu_t^d(\tau)dt + \sigma_t^d(\tau)dW_t)),\ \tau<t\leq T, \tag{4.3.11}$$

$$S_t^d(\tau) = S_\tau^{\mathbb{F}}(1-\gamma_\tau^{\mathbb{F}}), \tag{4.3.12}$$

为了简洁，假设

$$\mu^{\mathbb{F}} = \mu_1,$$

$$\sigma^{\mathbb{F}} = \sigma_1,$$

$$\mu_t^d(\tau) = \mu_2,$$

$$\sigma_t^d(\tau) = \sigma_2,$$

$$\gamma_\tau^{\mathbb{F}} = \gamma.$$

其中，μ_1、σ_1、μ_2、σ_2 均为非负常数，并且 $\gamma(\gamma\leq 1)$ 满足一个给定的分布；γ、τ、W_t 均为相互独立的，τ 服从一个指数分布，即 $\tau\sim\text{Exponential}(\lambda)$。对更多模型的一般设定，可从 Jiao 和 Pham（2011）中参考。

假设 r 是无风险利率。使用 Girsanov 定理或者 Esscher 变换改变测度，在测度下的标的资产价格 S_t 过程[式（4.3.10）至式（4.3.12）]，在等价鞅测度下可以转换为以下形式：

$$dS_t^{\mathbb{F}} = S_t^{\mathbb{F}}((r+\lambda m)dt + \sigma_1 dW_t), \quad 0 \leq t < \tau, \qquad (4.3.13)$$

$$dS_t^d(\tau) = S_t^d(\tau)(rdt + \sigma_2 dW_t), \quad \tau < t \leq T, \qquad (4.3.14)$$

$$S_t^d(\tau) = S_t^{\mathbb{F}}(1-\gamma). \qquad (4.3.15)$$

其中，$m = E(\gamma)$。从式(4.3.13)至式(4.3.15)可以看出，如果 $\gamma = 0$，则在 τ 时刻没有资产跳跃，可知这是一个简单的状态转换模型(Regime Switching Model)。在实际中，假设 γ 是一个离散的随机变量并且可简单计算得出，例如，假设

$$\gamma = \begin{cases} \gamma_1, & \text{概率为 } p_1; \\ \gamma_2, & \text{概率为 } p_2; \\ \gamma_3, & \text{概率为 } p_3. \end{cases}$$

其中，$p_1 + p_2 + p_3 = 1$；$0 < \gamma_1 < 1$ 表示标的资产假设向下跳，则投资者损失比例为 γ_1；$\gamma_3 < 0$ 表示资产价格向上跳，则投资者获利比例为 γ_3；$\gamma_2 = 0$ 表示资产价格没有跳动。

根据式(4.3.13)至式(4.3.15)，随机变量 $S = S_T$ 的密度函数为

$$g(S) = \frac{e^{-\lambda T}}{\sigma_1 \sqrt{T}} \frac{1}{S} \phi \left(\frac{\ln \frac{S}{S_0} - a(T)}{b\sqrt{T}} \right) +$$

$$\sum_{i=1}^{3} p_i \int_0^T \frac{\lambda e^{-\lambda T}}{b(t)} \frac{1}{S} \phi \left(\frac{1}{b(t)} \ln \left(\frac{S}{S_0(1-\gamma_i)} \right) - \alpha(t) \right) dt, \qquad (4.3.16)$$

且随机变量 $S = S_T$ 的分布函数为

$$F(S) = e^{-\lambda t} \phi \left(\frac{\ln \left(\frac{S}{S_0} \right) - a(t)}{b\sqrt{T}} \right) +$$

$$\sum_{i=1}^{3} p_i \int_0^T \lambda e^{-\lambda t} \phi \left(\frac{1}{b(t)} \ln \left(\frac{S}{S_0(1-\gamma_i)} \right) - a(t) \right) dt. \qquad (4.3.17)$$

其中，

$$a(t) = \left(r + \lambda m - \frac{\sigma_1^2}{2} \right) t + \left(r - \frac{\sigma_1^2}{2} \right) (T-t),$$

$$b(t) = \sqrt{\sigma_1^2 t + \sigma_2^2 (T-t)},$$

以及

$$\varphi(x) = \frac{1}{\sqrt{2\pi}} e^{-\frac{1}{2}x^2},$$

是标准正态分布的密度函数。

证明式(4.3.16)和式(4.3.17):

式(4.3.13)至式(4.3.15)的解如下:

$$S_t^{\mathbb{F}} = S_0 e^{\left(r+\lambda m-\frac{\sigma_1^2}{2}\right)t+\sigma_1 W_t}, \quad 0 \leqslant t < \tau, \tag{4.3.18}$$

$$S_t^d(\tau) = S_\tau^d(\tau) e^{\left(r-\frac{\sigma_2^2}{2}\right)(t-\tau)+\sigma_2(W_t-W_\tau)}, \quad \tau \leqslant t < T, \tag{4.3.19}$$

$$S_\tau^d(\tau) = S_{\tau^-}^d(1-\gamma). \tag{4.3.20}$$

计算 S_T 的分布:

$$\begin{aligned}
F(S) = P(S_T \leqslant S) &= E[1_{S_T \leqslant S}] \\
&= E[1_{S_T \leqslant S} 1_{\tau \geqslant T}] + E[1_{S_T \leqslant S} 1_{\tau < T}] \\
&\equiv A + B.
\end{aligned} \tag{4.3.21}$$

A 如下所示:

$$\begin{aligned}
A &= E[E[1_{S_T \leqslant S} 1_{\tau \geqslant T} \mid \tau]] \\
&= \int_0^\infty \lambda e^{-\lambda t} E[1_{S_T \leqslant S} 1_{\tau \geqslant T} \mid \tau = t] dt \\
&= \int_T^\infty \lambda e^{-\lambda t} E[1_{S_T^{\mathbb{F}} \leqslant S} \mid \tau = t] dt \\
&= \int_T^\infty \lambda e^{-\lambda t} P(S_T^{\mathbb{F}} \leqslant S) dt \\
&= \int_T^\infty \lambda e^{-\lambda t} \phi\left(\frac{\ln\left(\frac{S}{S_0}\right) - \left(r + \lambda m - \frac{\sigma_1^2}{2}\right)T}{\sigma_1\sqrt{T}}\right) dt \\
&= e^{-\lambda T} \phi\left(\frac{\ln\left(\frac{S}{S_0}\right) - \left(r + \lambda m - \frac{\sigma_1^2}{2}\right)T}{\sigma_1\sqrt{T}}\right).
\end{aligned} \tag{4.3.22}$$

其中,ϕ 为标准正态分布的累积分布函数(CDF)。现在计算 B:

$$B = E[E[1_{S_T \leqslant S} 1_{\tau < T} \mid \tau]]$$

$$= \int_0^\infty \lambda \, e^{-\lambda t} E[\, 1_{S_T \le S} 1_{\tau < T} \mid \tau = t \,] \mathrm{d}t$$

$$= \int_0^T \lambda \, e^{-\lambda t} E[\, 1_{S_T^d(\tau) \le S} \mid \tau = t \,] \mathrm{d}t. \tag{4.3.23}$$

因为违约时间 $\tau = t$，则有

$$S_T^d(t) = S_t^d(t) e^{\left(r - \frac{\sigma_2^2}{2}\right)(T-t) + \sigma_2(W_T - W_t)}$$

$$= S_{t-}^{\mathbb{F}}(1-\gamma) e^{\left(r - \frac{\sigma_2^2}{2}\right)(T-t) + \sigma_2(W_T - W_t)}$$

$$= S_0(1-\gamma) e^{\left(r + \lambda m - \frac{\sigma_1^2}{2}\right) t + \sigma_1 W_t} e^{\left(r - \frac{\sigma_2^2}{2}\right)(T-t) + \sigma_2(W_T - W_t)}.$$

因为 γ、W_t、$W_T - W_t$ 是独立的，根据式（4.3.23），得到

$$B = \int_0^T \lambda \, e^{-\lambda t} E[\, 1_{S_T^d(t) \le S} \,] \mathrm{d}t = \int_0^T \lambda \, e^{-\lambda t} E[\, E[\, 1_{S_T^d(t) \le S} \mid \gamma \,] \,] \mathrm{d}t. \tag{4.3.24}$$

现在计算

$$E[\, 1_{S_T^d(t) \le S} \mid \gamma \,] = P(S_T^d(t) \le S \mid \gamma)$$

$$= P\left(e^{\left(r + \lambda m - \frac{\sigma_1^2}{2}\right) t + \sigma_1 W_t} e^{\left(r - \frac{\sigma_2^2}{2}\right)(T-t) + \sigma_2(W_T - W_t)} \le \frac{S}{S_0(1-\gamma)} \right)$$

$$= P\left(Z \le \ln\left(\frac{S}{S_0(1-\gamma)}\right) - a(t) \right),$$

其中，

$$a(t) \equiv \left(r + \lambda m - \frac{\sigma_1^2}{2}\right) t + \left(r - \frac{\sigma_2^2}{2}\right)(T-t),$$

并且

$$Z \equiv \sigma_1 W_t + \sigma_2(W_T - W_t) \sim N(0, \, b^2(t)),$$

以及

$$b(t) \equiv \sqrt{\sigma_1^2 t + \sigma_2^2(T-t)}.$$

因此，有

$$E[\, 1_{S_T^d(t) \le S} \mid \gamma \,] = \phi\left(\frac{1}{b(t)} \ln\left(\frac{S}{S_0(1-\gamma)}\right) - a(t) \right),$$

其中，ϕ 是标准正态分布的累积分布函数（CDF）。因此，根据式（4.3.24）有

$$B = \int_0^T \lambda e^{-\lambda t} E\left[\phi\left(\frac{1}{b(t)}\ln\left(\frac{S}{S_0(1-\gamma)}\right) - a(t)\right)\right] dt$$

$$= \sum_{i=1}^3 p_i \int_0^T \lambda e^{-\lambda t} \phi\left(\frac{1}{b(t)}\ln\left(\frac{S}{S_0(1-\gamma_i)}\right) - a(t)\right) dt. \qquad (4.3.25)$$

将式(4.3.22)和式(5.3.25)代入式(4.3.21),得

$$F(S) = e^{-\lambda t}\phi\left(\frac{\ln\left(\frac{S}{S_0}\right) - a(t)}{b\sqrt{T}}\right) + \sum_{i=1}^3 p_i \int_0^T \lambda e^{-\lambda t} \phi\left(\frac{1}{b(t)}\ln\left(\frac{S}{S_0(1-\gamma_i)}\right) - a(t)\right) dt.$$

其中,

$$a(t) = \left(r + \lambda m - \frac{\sigma_1^2}{2}\right)t + \left(r - \frac{\sigma_1^2}{2}\right)(T-t), \qquad (4.3.26)$$

$$b(t) = \sqrt{\sigma_1^2 t + \sigma_2^2(T-t)}, \qquad (4.3.27)$$

因此密度函数(4.3.16)根据 $g(S) = F'(S)$ 简单的求导所得。证毕。

结合上述函数 $F(S)$ 和方程

$$\int_0^\infty (S-K)^+ d\phi\left(\frac{1}{B}\ln\left(\frac{S}{C}\right) - A\right) = Ce^{AB + \frac{B^2}{2}}\phi(-x_0 + B) - K\phi(-x_0)$$

以及 A 为一个常数,B,C,K 为正常数,则

$$x_0 = \frac{1}{B}\ln\left(\frac{K}{C}\right) - A,$$

可以得到在零时刻的交易对手风险模型下(存在对手违约风险)的看涨期权的价格公式:

$$e^{-rT}E[(S-K)^+] = S_0 e^{-(1-\lambda)T}\phi\left(\tilde{d}_0 + \frac{\sigma_1\sqrt{T}}{2}\right) - Ke^{-(r+\lambda)T}\phi\left(\tilde{d}_0 - \frac{\sigma_1\sqrt{T}}{2}\right) +$$

$$e^{-rT}\sum_{i=1}^3 pi\int_0^T \lambda e^{-\lambda T}\left[S_0(1-\gamma_i)e^{a(t)b(t) + \frac{b^2(t)}{2}}\phi(\tilde{d}_1 + b(t)) - K\phi(\tilde{d}_i)\right]dt, \qquad (4.3.28)$$

其中,

$$\tilde{d}_0 = \frac{-\ln\left(\frac{K}{S_0}\right) + (r+\lambda m)T}{\sigma_1\sqrt{T}},$$

$$\tilde{d}_1 = a(t) - \frac{1}{b(t)}\ln\left(\frac{K}{S_0(1-\gamma_i)}\right), \quad i=1, \ 2, \ 3,$$

且 $a(t)$ 和 $b(t)$ 由式(4.3.26)和式(4.3.27)定义。

并且在零时刻的交易对手风险模型(存在对手违约风险)的看跌期权的价格公式如下(通过看涨期权和看跌期权平价公式得到):

$$e^{-rT}E[(S-K)^+] = Ke^{-rT} - S_0 e^{-(1-m)\lambda T} - \lambda S_0 e^{-rT}\left(\int_0^T e^{a(t)b(t)+\frac{b^2(t)}{2}-\lambda t}\mathrm{d}t\right)\sum_{i=1}^3 p_i(1-\gamma_i) +$$

$$S_0 e^{-(1-m)\lambda T}\phi\left(\tilde{d}_0 + \frac{\sigma_1\sqrt{T}}{2}\right) - Ke^{-(r+\lambda)T}\phi\left(\tilde{d}_0 - \frac{\sigma_1\sqrt{T}}{2}\right) +$$

$$e^{-rT}\sum_{i=1}^3 p_i\int_0^T \lambda e^{-\lambda T}[S_0(1-\gamma_i)e^{a(t)b(t)+\frac{b^2(t)}{2}}\phi(\tilde{d}_1+b(t)) - K\phi(\tilde{d}_i)]\mathrm{d}t.$$

$$(4.3.29)$$

证明式(4.3.28)和式(4.3.29):

根据式(4.3.17),可得

$$e^{-rT}E[(S-K)^+] = e^{-rT}\int_0^\infty (S-K)^+ \mathrm{d}F(S)$$

$$= e^{-(r+\lambda)T}\int_0^\infty (S-K)^+ \mathrm{d}\phi\left(\frac{\ln\left(\frac{S}{S_0}\right) - \left(r + \lambda m - \frac{\sigma_1^2}{2}\right)T}{\sigma_1\sqrt{T}}\right) +$$

$$e^{-rT}\sum_{i=1}^3 p_i\int_0^T \lambda e^{-\lambda t}\left[\int_0^\infty (S-K)^+ \mathrm{d}\phi\left(\frac{1}{b(t)}\ln\left(\frac{S}{S_0(1-\gamma_i)}\right) - a(t)\right)\right]\mathrm{d}t.$$

$$(4.3.30)$$

很明显,式(4.3.30)的右项可以写成一个通用的积分形式:

$$\int_0^\infty (S-K)^+ \mathrm{d}\phi\left(\frac{1}{B}\ln\left(\frac{S}{C}\right) - A\right), \tag{4.3.31}$$

其中,A、B、C 独立于 S。现在使用变量替换

$$x = \frac{1}{B}\ln\left(\frac{S}{C}\right) - A,$$

并且令

$$x_0 = \frac{1}{B}\ln\left(\frac{K}{C}\right) - A,$$

计算式(4.3.31)如下：

$$\int_0^\infty (S-K)^+ \, \mathrm{d}\phi\left(\frac{1}{B}\ln\left(\frac{S}{C}\right) - A\right)$$

$$= \int_K^\infty (S-K) \, \mathrm{d}\phi\left(\frac{1}{B}\ln\left(\frac{S}{C}\right) - A\right)$$

$$= \int_{x_0}^\infty (Ce^{(A+x)B} - K)\phi(x) \, \mathrm{d}x$$

$$= Ce^{AB}\int_{x_0}^\infty \frac{1}{\sqrt{2\pi}} e^{-\frac{x^2}{2}+Bx} \, \mathrm{d}x - K\phi(-x_0)$$

$$= Ce^{AB}\int_{x_0}^\infty \frac{1}{\sqrt{2\pi}} e^{-\frac{(x-B)^2}{2}+\frac{B^2}{2}} \, \mathrm{d}x - K\phi(-x_0)$$

$$= Ce^{AB+\frac{B^2}{2}}\phi(-x_0 + B) - K\phi(-x_0). \tag{4.3.32}$$

其中，$\phi(x)$ 为标准正态分布的密度函数。因此，将式(4.3.32)代入式(4.3.30)，并简化公式，得到式(4.3.28)。根据看涨期权和看跌期权平价公式可得式(4.3.29)。

现在可以使用算法 4.2.1 来复制非线性收益：

$$f(S) = \frac{2}{T}\left(\frac{S-S_0}{S_0} - \ln\frac{S}{S_0}\right),$$

并且 S 满足式(4.3.17)。算例的参数设置为 $S_0 = 100$、$T = 1$、$r = 5\%$、$\sigma_1 = 40\%$、$\sigma_2 = 20\%$、$\lambda = 0.5$，其他参数详见表4-6。表4-6列出了在不同的跳跃幅度和概率下的静态复制值及真实值。该非线性收益较简单，且其价值有显示表达式，因此能够验证本书算法的精确性。使用类似上述证明的方法，便得到下列公式：

$$e^{-rT}E[f(S)] = \frac{2}{T}e^{-(r+\lambda)T}\left[e^{-(r+\lambda m)T} - 1 - \left(r + \lambda m - \frac{\sigma_1^2}{2}\right)T\right] +$$

$$\frac{2}{T}e^{-rT}\sum_{i=1}^3 p_i \int_0^T \lambda e^{-\lambda T}\left[(1-\gamma_i)e^{a(t)b(t)+\frac{b^2(t)}{2}} - a(t)b(t)\right]\mathrm{d}t,$$

$$-\frac{2}{T}e^{-rT}(1-e^{-\lambda T})\left[1 + \sum_{i=1}^3 p_i\ln(1-\gamma_i)\right].$$

由于方差换函数较简单，可以使用上述解析公式得到方差互换函数的真实值，用来比较笔者算法的精确性。对于更加复杂的收益函数，则无法得到解析式，本书的算法依然可以使用。选择 $X_0 = 5$、$X_n = 400$ 及 $n = 80$。从数值结果可以看出，静态复制价值非常接近真实值。

表 4-6　在交易对手风险模型下的非线性收益静态复制数值算例

γ_1	γ_2	γ_3	p_1	p_2	p_3	复制结果	真实结果
0.5	0	−0.2	0.3	0.5	0.2	17.6357	17.6316
0.9	0	−0.2	1	0	0	118.0538	118.0215
0.9	0	−0.2	0.9	0	0.1	107.6932	107.6547

注：该数值结果显示以波动率每变动一个小数点的平方就得到 100 美元的设置而呈现。

图 4-7 刻画了非线性方差互换收益函数在跳-扩散模型下的逼近情况，表明线性样条选择执行价是一个好的逼近方法。

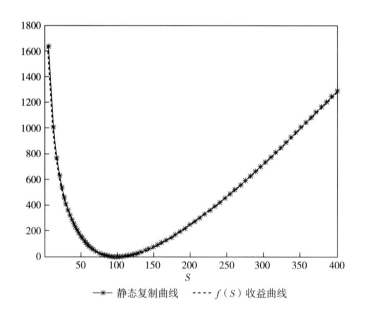

图 4-7　在交易对手风险模型下的方差互换收益函数线性样条逼近

注：在逼近曲线上的星号"＊"对应的横轴点表示通过等分布方程算法计算出的期权执行价。

本章首先找到一个对于一般的路径依赖的非线性收益函数的最优静态复制组合，并且给出了收敛阶（这个在已有文献上没有）。其次通过设计一个自适应函数来估计非线性收益函数与线性样条逼近之间的误差界限，推导出可选择最优执行价的等分布方程。由于在实际中，金融交易市场中的期权的执行价往往是给定的，且在一定区间内，因此只能在给定的几个期权执行价基础上通过静态二次对冲算法来计算最优权重。最后通过方差互换、互换期权、静态二次对冲及一个跳扩散过程（可能存在交易对手违约风险的模型，即交易对手风险模型）来验证这个算法（包括在完全市场下和不完全市场下的模型）。通过数值算例，可以得出这是一个简单、快速而准确的算法。

5 美式类期权定价改进算法

定价算法是研究美式复杂期权不可或缺的一部分。没有定价算法，就无从得出期权的价值。对定价算法的研究最早可追溯至 1973 年的二叉树算法，之后得到无数学者的研究和改进。本章研究经典的二叉树算法，并提出一种简单有效的改进二叉树算法。

研究发现，通过使用一个非常有效的期权——Capped 期权及该期权的解析解，可以改进二叉树算法。Capped 期权是一个提前设定阈值的期权。当标的资产的价格达到给定阈值时，Capped 期权自动执行。Boyle 和 Turnbull（1989）提供了欧式 Capped 期权的解析公式。Broadie 和 Detemple（1995）则给出了在低分红条件下美式 Capped 期权的解析公式。

5.1 Capped 期权简介及定价公式

Capped 期权的特征是对持有者设定了一个潜在收益的最大限制。当标的资产价格达到某一值时（触发设定条件时）Capped 期权会自动执行。显然，当标的资产价格低于某一 cap 值时，看跌 Capped 期权会自动执行；而当标的资产价格高于某一 cap 值时，看涨 Capped 期权会自动执行，从而锁定了期权持有者的最大可能收益。

对于投资者来说，Capped 期权的卖方（空头）在损失方面是受到一定程度保护的，有一个固定的最大可能损失值，因此看上去这个特征对于 Capped 期权的买方（多头）来说是不利的。这类期权比较容易执行并且不需要像投资者分析标准期权那样。基于 S&P100（标准普尔 100 指数）和 S&P500（标准普尔 500 指数）的 Capped 期权首次交易在 1991 的芝加哥期权交易市场（Chicago Board of Options Exchange，CBOE）。

令 C_t^L 表示在时刻 t 时美式看涨 Capped 期权的价值。美式看涨 Capped 期权有一个执行价 K、阈值 L、无风险利率 r、低分红 δ 和到期日 T。本章假设 $L \geqslant K > 0$，在持有期权期间，可能在 $[0，T]$ 的任何时刻执行。美式看涨 Capped 期权的收益为

$$\max(\min(L, S_t) - K, 0),$$

图 5-1 刻画了 Capped 期权的收益特征，并且与标准美式期权相对比。从图 5-1 中可以看出，Capped 期权在标的资产价格没有达到 L 值时，与标准美式期权的收益曲线是一致的；当标的资产价格达到 L 值时，则无论标的资产价格如何变化，都不影响其收益。

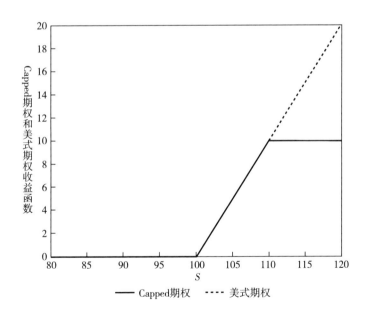

图 5-1 Capped 期权和美式期权收益曲线比较，参数设置为 $S=100$、$L=110$、$K=100$

在条件 $\delta \leqslant rK/L$ 下（Broadie and Detemple，1996）：

$$C_t^L(S_t,\ L) = (L-K)\left[\lambda_t^{\frac{2\varphi}{\sigma^2}}N(d_0)+\lambda_t^{\frac{2\alpha}{\sigma^2}}N\left(d_0+\frac{2f\sqrt{T-t}}{\sigma}\right)\right]+$$

$$S_t e^{-\delta(T-t)}\left[N(d_1^-(L)-\sigma\sqrt{T-t})-N(d_1^-(K)-\sigma\sqrt{T-t})\right]-$$

$$\lambda_t^{-\frac{2(r-\delta)}{\sigma^2}}Le^{-\delta(T-t)}\left[N(d_1^+(L)-\sigma\sqrt{T-t})-N(d_1^+(S_t)-\sigma\sqrt{T-t})\right]-$$

$$Ke^{-r(T-t)}\left\{N(d_1^-(L))-N(d_1^-(K))-\lambda_t^{1-\frac{2(r-\delta)}{\sigma^2}}\left[N(d_1^+(L))-N(d_1^+(K))\right]\right\}$$

$$(5.1.1)$$

其中，

$$d_0=\frac{1}{\sigma\sqrt{T-t}}\left[\log(\lambda_t)-f(T-t)\right],$$

$$d_1^{\pm}(x)=\frac{1}{\sigma\sqrt{T-t}}\left[\pm\log(\lambda_t)-\log(L)+\log(x)+b(T-t)\right],$$

$$b=\delta-r+\frac{1}{2}\sigma^2,$$

$$f=\sqrt{b^2+2r\sigma^2},$$

$$\phi=\frac{1}{2}(b-f),$$

$$\alpha=\frac{1}{2}(b+f),$$

$$\lambda_t=\frac{S_t}{L}.$$

其中，$N(\cdot)$ 为标准正态分布的累计函数。

该过程非常依赖美式看涨 Capped 期权的常数阈值 L，当 S_t 逐渐接近 L 时，则有

$$D(L,\ t)\equiv\lim_{S_t\downarrow L}\frac{\partial C_t^L(S_t,\ L)}{\partial L}.\qquad(5.1.2)$$

并且

$$\frac{\partial C_t^L(S_t,\ L)}{\partial L}=\left[1-\left(\frac{L-K}{L}\right)\left(\frac{2\varphi}{\sigma^2}\right)\right]\lambda_t^{\frac{2\varphi}{\sigma^2}}N(d_0)+\left[1-\left(\frac{L-K}{L}\right)\left(\frac{2\alpha}{\sigma^2}\right)\right]\lambda_t^{\frac{2\alpha}{\sigma^2}}N\left(d_0+\frac{2f\sqrt{\tau}}{\sigma}\right)+$$

$$\lambda_t^{-\frac{2(r-\delta)}{\sigma^2}} \mathrm{e}^{-\delta\tau} \frac{2(b-\sigma^2)}{\sigma^2} [\, N(d_1^+(L)-\sigma\sqrt{\tau}\,)-N(d_1^+(K)-\sigma\sqrt{\tau}\,)\,] -$$

$$\lambda_t^{-\frac{2b}{\sigma^2}} \mathrm{e}^{-r\tau} \frac{2bK}{\sigma^2 L} [\, N(d_1^+(L)\,)-N(d_1^+(K)\,)\,]. \tag{5.1.3}$$

因此

$$D(L,\ t)=\left[\,1-\left(\frac{L-K}{L}\right)\left(\frac{2\varphi}{\sigma^2}\right)\right] N\left(-\frac{f\sqrt{\tau}}{\sigma}\right) + \left[\,1-\left(\frac{L-K}{L}\right)\left(\frac{2\alpha}{\sigma^2}\right)\right] N\left(\frac{f\sqrt{\tau}}{\sigma}\right) +$$

$$\mathrm{e}^{-\delta\tau} \frac{2(b-\sigma^2)}{\sigma^2} [\, N(d_1^+(L)-\sigma\sqrt{\tau}\,)-N(d_1^+(K)-\sigma\sqrt{\tau}\,)\,] -$$

$$\mathrm{e}^{-r\tau} \frac{2bK}{\sigma^2 L} [\, N(d_1^+(L)\,)-N(d_1^+(K)\,)\,], \tag{5.1.4}$$

以及

$$\frac{\partial D(L,\ t)}{\partial L} = -\frac{K}{L^2}\left[\frac{2\varphi}{\sigma^2}+\frac{2f}{\sigma^2}N\left(\frac{f\sqrt{\tau}}{\sigma}\right)\right] - 2\mathrm{e}^{-\delta\tau} \frac{n(d_1^+(L)-\sigma\sqrt{\tau}\,)}{L\sigma\sqrt{\tau}} -$$

$$\mathrm{e}^{-r\tau} \frac{2bK}{\sigma^2 L^2} [\, N(d_1^+(L)\,)-N(d_1^+(K)\,)\,]. \tag{5.1.5}$$

其中, L^* 为方程的解, 则

$$D(L^*,\ t)=0. \tag{5.1.6}$$

式(5.1.6)是一个找零问题并且计算较容易, 例如, 结合式(5.1.4)和式(5.1.5)使用牛顿迭代方法计算。

5.2　改进二叉树算法及算例

5.2.1　改进二叉树算法简介

本节介绍怎样使用美式看涨 Capped 期权来改进二叉树算法。二叉树算法是一个经典的算法, Cox 等(1979)提出了二叉树算法。本节假设无风险利率为常数且 $r>0$, 常数波动率 $\sigma>0$ 是给定的, 并且在连续金融市场模型上, 股票价格 S_t

如同下列几何布朗运动：

$$dS_t = S_t(r-\delta)\,dt + S_t\sigma\,dW_t.$$

其中，W_t 为在测度空间 (X, F, Q) 上的标准布朗运动。假设 $C^A(S_t)$ 是在连续时间 Black-Scholes 模型上的美式看涨期权价值，其中 S_t 为在 t 时刻的资产价格，$t \in [0, T]$。美式看涨期权能够写成下列形式：

$$C^A(S_t) = \sup_{\tau \in [0,T]} E_t\big[e^{-r\tau}C(S_\tau)\big],$$

其中，τ 为停时，并且 $C(S_\tau) = \max(S_\tau - K, 0)$；$E_t[\cdot]$ 为 t 时刻在风险中性测度下的条件期望。

二叉树模型是资产的离散时间过程模型。该模型设定数量为 n 的交易时刻。交易仅发生在时刻 $t_i \in [0, T]$，$i = 0, 1, \cdots, n$，并且 $0 = t_0 < t_1 < \cdots < t_n = T$。为了达到一个完全市场模型，单时段收益率 $\overline{R}_i (i=0, 1, \cdots, n)$ 使用两节点独立同分布二项随机变量刻画

$$\overline{R}_i = \begin{cases} u_n \text{with probability} & q_n \\ d_n \text{with complementary probability} & 1-q_n \end{cases}$$

在一个适当的测度空间 $(\overline{X}, \overline{F}, \overline{Q})$，离散资产价格为 $\overline{S}_k$，其中在时刻 t_k 的价格 $\overline{S}_{t_k}$ 可以表述为

$$\overline{S}_{t_k} = S_0 \prod_{i=1}^{k} \overline{R}_i.$$

单时段描述是一个离散动态过程的完整刻画。CRR 模型使用

$$u_n = e^{\sigma\sqrt{\Delta t_n}}, \quad d_n = e^{-\sigma\sqrt{\Delta t_n}}.$$

其中，Δt_n 为步长 $\Delta t_n = \dfrac{T}{n}$；为了将 Harrison 和 Pliska(1981) 的风险中性考虑在内，单时段期望收益率 $\overline{E}[\overline{R}_i]$ 必须等于无风险债券收益 $r_n = e^{r\Delta t_n}$。这样就能得到 $\overline{q}_n = (r_n - d_n)/(u_n - d_n)$。风险中性需要使离散模型和连续模型的一阶距相匹配。在 Tian(1993) 的理论中，参数的选择要使二阶距和三阶矩都相匹配：

$$u_n = \frac{r_n v_n}{2}\left(v_n + 1 + \sqrt{v_n^2 + v_n - 3}\right),$$

$$d_n = \frac{r_n v_n}{2}\left(v_n + 1 - \sqrt{v_n^2 + v_n - 3}\right),$$

其中,

$$v_n = \mathrm{e}^{\sigma^2 \Delta t_n}.$$

令使用标准 CRR 二叉树算法计算的美式看涨期权的内在价值在时刻 t_k 为 C^B $(\bar{S}_{t_k})$,执行价值为 $C^e(\bar{S}_{t_k})$,继续持有价值为 $C^h(\bar{S}_{t_k})$,可知

$$C^B(\bar{S}_T) = \max(\bar{S}_T - K, \ 0),$$

$$C^e(\bar{S}_{t_k}) = \max(\bar{S}_{t_k} - K, \ 0),$$

并且

$$C^h(\bar{S}_{t_k}) = E_{t_k}(\mathrm{e}^{-r\Delta t_n} C^B(\bar{S}_{t_{k+1}})),$$

则美式看涨期权的标准 CRR 二叉树算法价值在时刻 t_k 为

$$C^B(\bar{S}_{t_k}) = \max(C^e(\bar{S}_{t_k}), \ C^h(\bar{S}_{t_k})).$$

上述内容描述了标准 CRR 二叉树计算美式看涨期权的过程。接下来描述改进二叉树算法过程。令 $C^E(S)$ 为 Black-Scholes 模型下欧式看涨期权价值。Broadie 和 Detemple(1995)通过在时刻 t_{n-1},在到期日 T 之前的时刻,将 $C^B(\bar{S}_{t_{n-1}})$ 替换为 $C^E(\bar{S}_{t_{n-1}})$ 以改进二叉树算法。我们发现可以进一步改善该方法,由于

$$C^E(\bar{S}_{t_{n-1}}) \leqslant C^L_{t_{n-1}}(\bar{S}_{t_{n-1}}, \ L) \leqslant C^A(\bar{S}_{t_{n-1}}),$$

其中,$C^A(\bar{S}_{t_{n-1}})$ 是美式看涨期权的真实内在价值(Broadie and Detemple,1995),从上列不等式可以看出,在相同参数设置下,美式 Capped 期权价值相比欧式期权价值来说更加接近美式期权价值。将 $C^B(\bar{S}_{t_{n-1}})$ 替换为 $C^L_{t_{n-1}}(\bar{S}_{t_{n-1}}, \ L)$ 可以使计算更加精确。阈值 L 的值可由金融市场实际交易期权来选择。实际上,使用最优的 L^* 可以使计算更加精确,该最优 L^* 可以通过式(5.1.6)求出。虽然需要花费时间来求解非线性方程[式(5.1.6)],但是该最优 L^* 一旦计算求出可以保存起来以便下次使用。通过该方法可以改进二叉树算法,提高计算效率。

5.2.2 改进二叉树算法计算美式期权算例[①]

例 5.2.1:使用 Capped 期权改进 CRR 模型下二叉树算法,参数设置为

[①] 在例 5.2.1、例 5.2.2 和例 5.2.4 中,分红率并不低于无风险率。Broadie 和 Detemple(1995)只证明了低分红下的 Capped 期权公式。但是,例中的数值结果表明使用了公式,因此本书的算法依然正确。

$S0 = 100$、$\delta = 0.07$、$r = 0.03$、$\sigma = 0.2$、$T = 0.5$、$t = 0$、$K = 100$，使用 50000 步的 CRR 二叉树计算得到美式期权的标准解为 4.782592536。Error 是在给定步长 Step 下二叉树算法计算结果与标准解之间的误差。收敛阶 Rate 通过下列公式求得

$$\text{Rate}^{①} = -\frac{\log(\text{Error}(\text{step1})/\text{Error}(\text{step2}))}{\log\left(\dfrac{\text{step1}}{\text{step2}}\right)}.$$

其中，step1、step2 为表 5-1 中所示步长数，如 100、200、400、800、1600 等。并且 step1 和 step2 相邻，如 step1 = 100，则 step2 = 200。

表 5-1　例 5.2.1 的数值结果

Step	CRR 二叉树	Error	Rate	改进二叉树	Error	Rate
100	4.77560	−0.00699	—	4.78745	0.00486	—
200	4.77917	−0.00342	1.03275	4.78516	0.00256	0.92277
400	4.78089	−0.00170	1.00545	4.78396	0.00137	0.90241
800	4.78176	−0.00083	1.03137	4.78331	0.00071	0.94298
1600	4.78218	−0.00041	1.02762	4.78297	0.00038	0.91136

例 5.2.2：使用 Capped 期权改进 CRR 模型下二叉树算法，参数设置为 $S0 = 100$、$\delta = 0.03$、$r = 0.03$、$\sigma = 0.2$、$T = 0.5$、$t = 0$、$K = 100$，使用 50000 步的 CRR 二叉树计算得到美式期权的标准解为 5.568079，其他同例 5.2.1（见表 5-2）。

---

① 假设二叉树的收敛阶 Rate 为 q，则 $\begin{cases} \text{Error}(\text{step1}) = \alpha\left(\dfrac{T}{\text{step1}}\right)^{q} \\ \text{Error}(\text{step2}) = \alpha\left(\dfrac{T}{\text{step2}}\right)^{q} \end{cases}$。则

$\begin{cases} \log(\,|\,\text{Error}(\text{step1})\,|\,) \approx \log(\alpha) + q\log\left(\dfrac{T}{\text{step1}}\right) \\ \log(\,|\,\text{Error}(\text{step2})\,|\,) \approx \log(\alpha) + q\log\left(\dfrac{T}{\text{step1}}\right) \end{cases}$，因此 $q = -\begin{cases} \log\left(\,\left|\dfrac{\text{Error}(\text{step1})}{\text{Error}(\text{step2})}\right|\,\right) \\ \log\left(\dfrac{\text{step1}}{\text{step2}}\right) \end{cases}$。

表5-2 例5.2.2的数值结果

Step	CRR 二叉树	Error	Rate	改进二叉树	Error	Rate
100	5.55526	-0.01282	—	5.57314	0.00506	—
200	5.56167	-0.00641	1.000334	5.57066	0.00258	0.97318
400	5.56488	-0.00320	1.003995	5.56939	0.00131	0.97371
800	5.56649	-0.00159	1.010072	5.56875	0.00067	0.96305
1600	5.56730	-0.00078	1.022628	5.56843	0.00035	0.94022

例5.2.3：使用 Capped 期权改进 CRR 模型下二叉树算法，参数设置为 $S0 = 100$、$\delta = 0.03$、$r = 0.07$、$\sigma = 0.2$、$T = 0.5$、$t = 0$、$K = 100$，使用 50000 步的 CRR 二叉树计算得到美式期权的标准解为 6.090099249，其他同例5.2.1（见表5-3）。

表5-3 例5.2.3的数值结果

Step	CRR 二叉树	Error	Rate	改进二叉树	Error	Rate
100	6.07616	-0.01394	—	6.09472	0.00462	—
200	6.08314	-0.00696	1.00197	6.09243	0.00233	0.98644
400	6.08663	-0.00346	1.00535	6.09128	0.00118	0.98038
800	6.08838	-0.00172	1.01146	6.09070	0.00060	0.96505
1600	6.08925	-0.00084	1.02354	6.09042	0.00032	0.93422

从表5-3中可以看出，所有改进二叉树计算结果的误差要小于 CRR 二叉树计算结果的误差。由表5-2和表5-3可知，当步长为100时改进二叉树算法计算美式期权结果要好于当步长为200时传统的二叉树计算美式期权结果。并且在高分红和低分红模型中，改进二叉树算法的改进效果要好于分红率和无风险利率相等时模型的改进二叉树改进效果。

例5.2.4 为检验在 Tian 模型下的改进二叉树算法。数值结果表明该算法在 Tian 模型中同样有效。

例5.2.4：使用 Capped 期权改进 Tian 模型下二叉树算法，参数设置为 $S0 = 100$、$\delta = 0.07$、$r = 0.03$、$\sigma = 0.2$、$T = 0.5$、$t = 0$、$K = 100$，使用 50000 步的 Tian

二叉树计算得到美式期权的标准解为 4.78259298824482，其他同例 5.2.1（见表 5-4）。

表 5-4　例 5.2.4 的数值结果

Step	Tian 二叉树	Error	Rate	改进二叉树	Error	Rate
100	4.77583	0.00676	—	4.78768	0.00508	—
200	4.77929	0.00330	1.03379	4.78527	0.00268	0.92441
300	4.78039	0.00220	0.99382	4.78445	0.00186	0.90038
400	4.78095	0.00165	1.02187	4.78402	0.00143	0.91409
500	4.78129	0.00130	1.04768	4.78375	0.00116	0.94646
600	4.78151	0.00108	1.01473	4.78357	0.00097	0.94487
700	4.78167	0.00092	1.04340	4.78343	0.00084	0.94733
800	4.78179	0.00080	1.01652	4.78333	0.00074	0.94581
900	4.78188	0.00071	1.00753	4.78326	0.00067	0.90372
1000	4.78195	0.00064	1.00988	4.78320	0.00061	0.90397
1100	4.78201	0.00058	1.03266	4.78315	0.00056	0.91948
1200	4.78206	0.00053	1.02010	4.78311	0.00051	0.93163
1300	4.78210	0.00049	1.02665	4.78307	0.00048	0.92069
1400	4.78214	0.00045	1.05091	4.78304	0.00044	0.92722
1500	4.78217	0.00042	1.04795	4.78301	0.00042	0.91082
1600	4.78220	0.00039	1.05026	4.78299	0.00039	0.92234

5.3　改进最小二乘蒙特卡罗模拟算法及算例

5.3.1　改进最小二乘蒙特卡罗模拟算法简介

2001 年，最小二乘蒙特卡罗模拟算法（LSM）首次被 Longstaff 和 Schwartz 提出，该算法是一个简单且有效的通过模拟定价美式期权的算法。它只使用实值期权路径(在该路径上的期权为实值期权)来模拟估计条件期望,这些路径区域与期望函数值相关性较大,能够显著提高算法的效率。

LSM 的关键在于模拟中用最小二乘算法通过截面信息来估算条件期望。尤其是,LSM 通过继续持有期的变量回归已实现的收益。回归后的系数提供了一个直接的对条件期望函数的估算。通过计算每一行权日的条件期望,LSM 得到一个完整的最优执行策略。通过此种方法,美式期权能够通过模拟来精确定价。

假设标的股票价格 S_t 服从几何布朗运动。初值为 S_0,并且

$$S_t = S_t e^{\left(r - \frac{1}{2}\sigma^2 \right) t + \sigma W_t},$$

其中,$W_t \sim N(0, 1)$,设定一系列指定交易日,数量为 N,$i = 1$,2,$\cdots$,N,$j = 1$,2,$\cdots$,N 并且 $j < i$,离散时间为 $0 < t_j < \cdots < t_i \le t_N = T$。根据第 2 章基础介绍,推出

$$S_{t_i} = S_{t_j} e^{\left(r - \frac{1}{2}\sigma^2 \right)(t_i - t_j) + \sigma \sqrt{t_i - t_j} W_{t_i}}.$$

由于美式期权可以在到期日 T 之前的任何时刻行权,美式期权的价值在任意时刻 t 都需要进行比较。假设总共有数量为 P 的路径,在其中有效路径(实值期权路径)数量为 P',即使用继续持有价值大于 0 的路径为有效路径进行回归。

LSM 使用回归算法来得到回归的继续持有价值。估计的条件期望函数为

$$E\left(C^h(S_{k', t_i}) \mid S_{k', t_i} \right) = a + b \times S_{k', t_i} + c \times S_{k', t_i}^2, \quad k' = 1, 2, \cdots, P'.$$

其中,P' 为实值期权路径,S_{k', t_i} 为在实值期权路径上的标的资产价格。由上可知,回归的继续持有价值 $\hat{C}^h(S_{k, t_i})$ 需要与立刻执行价值相比较,从而得到最终定价结果。因此,在每条路径都存在一个停时,以及停时矩阵 $P \times N$。根据整个停时矩阵,可以直接得到相应的现金流。得到美式期权在每一路径和相应最优执行时期的现金流,通过贴现到零时刻并平均就能够得到美式期权的初值。回归的基础函数可选择较多,一种是(加权)拉盖尔(Laguerre)多项式,其他类型的基础函数包括 Hermite、Legendre、切比雪夫(Chebyshev)及 Jacobi 多项式。

但是在这些路径中仍然有一部分无效的路径降低了 LSM 中的回归计算效率。接下来,介绍一种简单的改进来提高该算法的效率,即通过进一步减少无效路径来提高算法的效率。Broadie 和 Detemple(1996)使用 Capped 期权作为一种用来得到美式看涨期权最优执行边界下界 L^* 的工具。如图 5-1 所示,实线 B^* 为美式

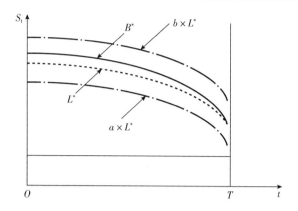

图 5-2　最优执行边界的下界

看涨期权的最优执行边界；虚线 L^* 为下界，假设在定价美式看涨期权的模拟路径中有 P' 条实值期权路径。在得到下界的情况下，能够滤掉模拟中的无效路径，使用 $[a*L^* \ b*L^*]$ 来减少路径数量，其中 a 和 b 为两个作者选定的常数，并满足 $b>1$，$0<a<1$，进而使用这些路径来回归模拟。假设存在 P^* 实值期权路径在该区间内，很显然 $P^*<P'$，新的条件期望函数为

$$E(\hat{C}^h(S_{k^*,t_i}) \mid S_{k^*,t_i})=a^*+b^* * S_{k^*,t_i}+c^* * S_{k^*,t_i}^{\ 2}, \quad k^*=1, \ 2, \ \cdots, \ P^*.$$

因此，可以得到一个新的停时矩阵 $\boldsymbol{P} \times \boldsymbol{N}$。通过这种方式，能够改进标准 LSM，且改进的 LSM 能有效提高定价美式期权的效率。

5.3.2　改进最小二乘蒙特卡罗模拟算法计算美式期权算例

本节笔者给出使用 Capped 期权作为工具来改进 LSM 的算法。考虑下面参数：

$r=0.03$，$\sigma=0.2$，$\delta=0.07$，$K=100$，$N=20$，$P=50,000$，$T=0.5$.

$a=0$，0.25，0.5，0.75，$b=1.125$.

使用 $[a*L^*, \ b*L^*]$ 来减少路径数量。标的资产的初始价格为

$S0=80$，90，100，110，120.

精确价值为[①]

---

①　精确价值是使用标准 LSM 算法计算 500000 条路径得来，且其他参数相同。

$$\overline{V} = [\,0.2191 \quad 0.3864 \quad 0.78311 \quad 0.09820 \quad 0.000\,].$$

通过模拟 100 次来得到下列结果。其中，平均误差 $= \dfrac{\sqrt{\sum\limits_{k=1}^{n}\left(V_k - \overline{V}\right)^2}}{n}$，并且

$n = 100$。

表 5-5 中关于平均期权价值的计算结果表明改进的最小二乘蒙特卡罗模拟算法是正确的。并且表 5-6 和表 5-8 的平均误差和平均方法结果均表明，该改进方法有效提高了定价的效率。表 5-7 中，平均减少路径的数量结果表明标的资产初始价格越大，减少的无效路径越多。并且从表 5-9 中可以看出，计算时间减少了。从表 5-5 到表 5-9 中可以看出，改进的最小二乘蒙特卡罗模拟算法在加速的同时并没有减少准确性。尤其是在使用区间 $a = 0$，$b = 1.125$ 时，定价结果更好且更快。

表 5-5　平均期权价值

参数 a，b	平均期权价值				
	$S_0 = 80$	$S_0 = 90$	$S_0 = 100$	$S_0 = 110$	$S_0 = 120$
0，1.125	0.2030	1.3551	4.6219	11.0805	19.9684
0.25，1.125	0.1795	1.3843	4.4811	10.7401	19.0541
0.5，1.125	0.1795	1.3843	4.4683	10.6162	18.2787
0.75，1.125	0.1795	1.3843	4.4683	10.6162	18.2787
标准 LSM	0.2027	1.3485	4.6388	11.0304	19.9684

表 5-6　平均误差

参数 a，b	平均误差				
	$S_0 = 80$	$S_0 = 90$	$S_0 = 100$	$S_0 = 110$	$S_0 = 120$
0，1.125	0.0010	0.0028	0.0089	0.0261	0.0028
0.25，1.125	0.0010	0.0031	0.0101	0.0269	0.0508
0.5，1.125	0.0010	0.0032	0.0105	0.0313	0.0772
0.75，1.125	0.0010	0.0032	0.0105	0.0313	0.0772
标准 LSM	0.0010	0.0029	0.0094	0.0263	0.0027

表 5-7　平均减少路径的数量

参数 a, b	平均减少路径的数量				
	$S_0 = 80$	$S_0 = 90$	$S_0 = 100$	$S_0 = 110$	$S_0 = 120$
0, 1.125	0.1	4.4	30.7	148.4	442.1
0.25, 1.125	27.4	237.5	1078.7	1995.6	2267.9
0.5, 1.125	27.4	237.5	1079	2002.8	2318.8
0.75, 1.125	27.4	237.5	1079	2002.8	2318.8
标准 LSM	0	0	0	0	0

表 5-8　平均方差

参数 a, b	平均方差				
	$S_0 = 80$	$S_0 = 90$	$S_0 = 100$	$S_0 = 110$	$S_0 = 120$
0, 1.125	0.0119	0.0353	0.0551	0.0573	0.0265
0.25, 1.125	0.0123	0.0428	0.0793	0.1183	0.1341
0.5, 1.125	0.0123	0.0428	0.0791	0.1209	0.1488
0.75, 1.125	0.0123	0.0428	0.0791	0.1209	0.1488
标准 LSM	0.0120	0.0120	0.0563	0.0565	0.0265

表 5-9　平均计算时间

参数 a, b	平均计算时间				
	$S_0 = 80$	$S_0 = 90$	$S_0 = 100$	$S_0 = 110$	$S_0 = 120$
0, 1.125	0.0003	0.0006	0.0019	0.0045	0.0064
0.25, 1.125	0.0005	0.0006	0.0006	0.0008	0.0013
0.5, 1.125	0.0003	0.0002	0.0003	0.0006	0.0005
0.75, 1.125	0.0003	0.0002	0.0006	0.0003	0.0003
标准 LSM	0.0011	0.0008	0.0017	0.0045	0.0072

　　本章使用 Capped 期权作为工具来改进标准二叉树算法和最小二乘蒙特卡罗模拟算法(LSM)。通过上述的算例结果，可以得到 Capped 期权在改进这两种标准算法中非常有用。表 5-1 至表 5-3 结果显示，改进二叉树算法在 CRR 模型中表现较好。表 5-4 结果表明，改进的二叉树算法同样适用于 Tian 模型。在到期

日的前一步将美式期权二叉树算法价值替换为相应的 Capped 期权价值能够有效提高标准二叉树算法的效率。表5-5 至表5-9 显示了改进最小二乘蒙特卡罗模拟算法的结果。通过下界的区间过滤掉无效的路径，标准最小二乘蒙特卡罗模拟算法(LSM)效率被有效地提高了。本章只分析了两种基础的定价算法，其他更加复杂的模型，如随机波动率模型和多维标的资产模型的定价算法需要进一步分析。

6 融合应用的发展前沿和趋势

6.1 发展前沿

在当前金融市场中，金融衍生品的定价问题一直是企业界和学术界研究的热点。随着机器学习、深度学习与强化学习的迅速发展，这些方法已经被应用于金融衍生品的定价算法中，以期提高定价的准确性和效率。本章将分别探讨金融衍生品定价算法与机器学习、深度学习和强化学习的融合应用。

6.1.1 金融衍生品定价算法与机器学习

机器学习在金融衍生品定价中的应用主要体现在其能够处理高维数据和复杂模式的能力上。例如，决策树、随机森林和梯度提升等监督学习模型已被用于预测期权价格，这些模型可以从历史数据中学习标的资产价格、波动率和其他市场因素与期权价格之间的关系。通过这种方式，机器学习模型能够识别出影响期权价格的关键变量，并对其进行加权组合，以实现更准确的价格预测。此外，机器学习还能够帮助金融机构进行风险评估和投资组合优化，从而提高资本利用效率和风险管理能力。

（1）决策树（Decision Tree）[①]

决策树是一种以树形数据结构来展示决策规则和分类结果的模型。作为一种

---

① 资料来源：https://blog.csdn.net/GreenYang5277/article/details/104500739.

归纳学习算法，其重点是将看似无序、杂乱的已知数据，通过某种技术手段将其转化成可以预测未知数据的树状模型，每一条从根节点（对最终分类结果贡献最大的属性）到叶子节点（最终分类结果）的路径都代表一条决策的规则。

（2）随机森林[①]

随机森林是一种基于决策树的集成学习算法，通过构建多个决策树并取其平均值作为最终结果，以提高模型的泛化性能。其优点包括能够处理高维数据、无须特征选择、能够识别特征间的相关性、预测精度高和运行速度快等。然而，随机森林也有一些缺点，如对数据集的规模和特征的分布敏感、容易过拟合等。在实际应用中，随机森林广泛应用于分类、回归和聚类等任务。

（3）梯度提升决策树（GBDT）

梯度提升决策树是一种基于树的集成学习算法，通过迭代地构建一系列的决策树来逼近最优解。与传统的决策树不同，GBDT 在构建每棵树时考虑了之前所有树的信息，通过梯度提升的方式逐步改进模型。GBDT 的优点包括能够处理非线性问题、能够处理缺失值和异常值、模型易于理解和解释等。然而，GBDT 也存在一些缺点，如对参数敏感、容易过拟合等。在实际中，GBDT 广泛应用于分类、回归和特征选择等任务。

（4）XGBoost

XGBoost 是一种基于梯度提升决策树的机器学习算法，继承了 GBDT 的优点并进行了改进。XGBoost 通过使用二阶导数信息来提高模型的拟合能力，同时采用特征分裂策略和剪枝策略来控制模型的复杂度，以防过拟合。另外，XGBoost 还具有高效的学习算法和高维稀疏数据的处理能力。然而，XGBoost 也存在一些限制，如对参数敏感、不适用于所有问题等。在实际中，XGBoost 广泛应用于金融风险控制、推荐系统和自然语言处理等。

6.1.2 金融衍生品定价算法与深度学习

深度学习技术特别是神经网络，由于其在图像识别、自然语言处理等领域取得的革命性成就，近年来开始被应用于金融衍生品的定价。深度学习模型能够捕

---

① 资料来源：https://cloud.baidu.com/article/2899042。

捉数据中的非线性关系，这对模拟金融时间序列数据中的复杂动态尤为重要。例如，循环神经网络（RNN）和其变体如长短期记忆网络（LSTM）被用来预测波动率并进行期权定价。这些模型能够处理时间序列数据，捕捉价格变动的长期依赖性，从而提供更为精确的定价模型。此外，深度学习还可以结合蒙特卡罗模拟方法，通过模拟大量可能的市场情景来估算衍生品价格，这种方法尤其适用于美式期权和其他路径依赖型衍生品的定价。

（1）循环神经网络（RNN）[①]

RNN 的核心特点是其具有循环结构，使信息可以在网络中流动并被存储下来。在每个时间步，RNN 都会根据输入和前一时刻的隐藏状态来计算新的隐藏状态。隐藏状态是 RNN 记忆的主要方式。由于隐藏层的状态会随着时间的推移而改变，因此 RNN 可以处理变长的序列数据。

RNN 的缺点是它在处理长序列时容易发生梯度消失问题，这使训练不稳定且难以学习到长期的依赖关系。

（2）长短期记忆网络（LSTM）

为了解决 RNN 的长期依赖性问题，1997 年，Sepp Hochreiter 和 Jürgen Schmidhuber 提出了长短期记忆网络（LSTM）。LSTM 通过引入"门"结构来控制信息的流动，从而学习到长期依赖关系。

LSTM 有三个门：输入门、输出门和遗忘门。输入门控制当前时刻的新信息进入单元的量，遗忘门决定前一时刻的记忆被保留还是遗忘，输出门则控制单元的状态如何影响输出。通过这三个门，LSTM 学习到哪些信息需要被保留或被遗忘，从而更好地处理长序列数据。

（3）门控循环单元（GRU）

GRU 是另一种常见的 RNN 变体，由 Kyunghyun Cho 等在 2014 年提出。GRU 的结构比 LSTM 简单，它通过合并被遗忘门和输入门来减少参数的数量，同时增加了重置门来控制前一时刻的信息被保留还是遗忘。

GRU 的核心思想是利用重置门来更新单元状态。重置门决定了前一时刻的记忆被保留还是遗忘，更新门则决定了当前时刻的新信息进入单元的量。通过这

---

① 资料来源：https://developer.baidu.com/article/detail.html? id=3067676.

两个门，GRU 可以在处理序列数据时学习到重要的时间依赖关系。

在实际应用中，LSTM 和 GRU 通常比传统的 RNN 具有更好的性能。这主要是因为它们通过引入门控机制来控制信息的流动，从而更好地处理长序列数据和解决梯度消失问题。在自然语言处理、语音识别、机器翻译等任务中，LSTM 和 GRU 已被广泛使用并取得了显著的效果。

尽管深度学习在金融衍生品定价中的应用前景广阔，但其也面临一些挑战和批评。一方面，深度学习模型被认为是"黑箱"模型，其决策过程缺乏透明度，这在金融监管和风险管理中是一个重大缺陷。为此，研究者正在探索可解释的深度学习模型，试图打开这个"黑箱"，使模型的决策过程更加透明和可解释。另一方面，深度学习模型需要大量的数据进行训练，而在金融市场中，高质量的历史数据往往是有限的，尤其是那些新型金融衍生品的数据。因此，如何有效利用有限的数据，或者通过数据增强等技术提高模型的训练效果，是当前研究的一个重点方向。

总的来说，虽然机器学习和深度学习在金融衍生品定价领域展现出巨大的潜力，但它们的应用仍需面对诸多技术和实践上的挑战。未来需要在提高模型准确性的同时，增加模型的可解释性和鲁棒性，以适应复杂多变的金融市场环境。

6.1.3　金融衍生品定价算法与强化学习

在金融衍生品定价领域，强化学习正逐渐成为一种颇具潜力的方法。强化学习是一种机器学习范式，其允许计算机系统通过与环境的互动来学习如何作出最优的决策。这种学习方法特别针对那些涉及序列决策和不确定性的问题，而金融衍生品定价正是这样一个问题。

在传统的金融衍生品定价方法中，如 Black-Scholes 模型或蒙特卡罗模拟，往往需要对市场行为和衍生品特性作出一系列的假设。然而，强化学习提供了一种更为灵活的方式，它可以通过与模拟市场的交互学习来捕捉市场的真实动态，并据此进行定价。例如，一个强化学习代理可以被训练来预测某种衍生品的价格，并通过不断试验和错误学习，最终找到最优的交易策略。

强化学习在金融衍生品定价中的应用还涉及多个方面。例如，它可以用于学习交易策略，即在特定市场条件下买入或卖出衍生品；也可以用于风险管理，通过评估不同市场情景下的风险敞口；还可以帮助金融机构优化投资组合，通过自动化调整来应对市场的变化。

值得注意的是，强化学习并不是没有挑战的。首先，强化学习需要大量的数据和计算资源来进行有效的学习。其次，金融市场的复杂性和不确定性使完成学习任务变得极为困难。最后，强化学习算法的稳定性和可解释性也是研究者面临的问题。

尽管存在这些挑战，强化学习在金融衍生品定价方面的潜力仍然被广泛认可。随着计算技术的不断进步和金融市场数据的日益丰富，我们相信强化学习将在金融衍生品定价领域发挥越来越重要的作用。

6.2　发展趋势

6.2.1　融合机器学习、深度学习和强化学习技术

随着大数据技术和计算能力的提升，机器学习和深度学习在金融衍生品定价中的应用将越来越广泛。这些技术能够处理高维数据和复杂模式，提供更为灵活和强大的定价模型。

深度学习特别擅长处理非线性和高维度问题，这对理解和预测金融市场的动态特性非常有帮助。例如，通过深度学习模型可以更有效地识别和利用历史数据中的隐藏模式来进行价格预测。

6.2.2　增强模型的可解释性

在金融领域，模型的可解释性对风险管理和合规非常重要。因此，发展可解释的机器学习和深度学习模型是未来的一个关键趋势。

研究者正在探索如 LIME（Local Interpretable Model-agnostic Explanations）和 SHAP（Shapley Additive Explanations）等可解释性工具，这些工具可以帮助理解模型在特定预测中的决策过程，从而提升模型在金融领域的适用性和信任度。

LIME[①] 是一种局部可解释的模型无关解释方法，它可以解释任何模型的任何决策。LIME 的核心思想是通过构建一个简化的模型来解释原始模型的决策过程。

LIME 的主要步骤包括：

（1）随机邻域采样：从原始数据集中随机抽取邻域数据。

（2）简化模型训练：在邻域数据上训练一个简化模型。

（3）解释：使用简化模型解释原始模型的决策。

SHAP 是一种基于代价函数的解释方法，它可以解释任何模型的任何决策。SHAP 的核心思想是通过计算每个特征在模型决策中的贡献度，进而解释模型的决策过程。

SHAP 的主要步骤包括：

（1）计算贡献度：通过计算每个特征在模型决策中的贡献度。

（2）解释：使用贡献度解释模型的决策。

LIME 和 SHAP 都是解释性深度学习方法，它们的共同点是可以解释任何模型的任何决策。不同之处在于，LIME 通过构建简化模型来解释原始模型的决策过程，而 SHAP 通过计算每个特征在模型决策中的贡献度来解释模型的决策过程。

6.2.3 实时数据和持续学习

金融衍生品市场是高度动态的，基于实时数据的持续学习定价模型将更加受欢迎。这种模型可以快速适应市场变化，提供更准确的价格信息。

利用流数据处理技术和实时数据分析，定价模型可以即时调整参数，以反映最新的市场状况。

6.2.4 蒙特卡罗模拟与人工智能结合

传统的蒙特卡罗模拟方法在处理复杂衍生品时表现出局限性，结合人工智能技术可以提高模拟的效率和准确性。

---

① 资料来源：https：//blog. csdn. net/universsky2015/article/details/137298485.

人工智能可以优化模拟过程中的随机样本生成，提升收敛速度和估算精度，特别是在处理美式期权和路径依赖型衍生品时更为有效。

6.2.5　跨学科方法的整合

金融衍生品定价正变得越来越多学科交叉，结合金融学、计算机科学、统计学和物理学的方法将促进新模型的开发。

例如，物理学中的一些模型，如随机过程和扩散模型，已被用于描述金融市场的随机波动，这些模型的进一步发展可能会对衍生品定价产生重要影响。

6.2.6　监管科技的应用

在金融衍生品定价中，监管科技的应用将帮助金融机构更好地遵守监管要求，减少合规风险。

定价模型将需要内置合规检查功能，确保价格和策略符合相关法规要求，如欧洲的 MIFID Ⅱ、美国的 Dodd-Frank 法案及中国的相关法律政策。

（1）MIFID Ⅱ的历史沿革①

二战后，为落实"欧洲统一"的政治理想，欧洲一体化在货币、防务、外交、贸易等多个领域逐步展开，并进一步延伸至金融监管领域。克服成员国经济发展不平衡，减少成员国金融监管标准的差异，成为建设欧洲金融监管体系一体化的必然选择。

2007 年，欧盟《金融工具市场指令》（*Markets in Financial Instruments Directive*，MIFID）正式生效。欧盟力图通过推动 MIFID 法案落地，促进区域金融监管标准的统一，通过倡导市场与服务准入的公平性，形成欧盟金融市场一体化的坚实基础。

2008 年全球金融危机爆发，二十国集团（G20）将维护金融市场稳定、降低系统性风险、提高市场透明度作为全球金融合作和改革领域的共识。欧盟作为 G20 的重要成员和最大的经济体，拥有伦敦（英国"脱欧"前）、法兰克福、巴黎、卢

---

① 资料来源：https：//finance. sina. com. cn/money/bond/market/2023 - 10 - 23/doc - imzsapfs1014057. shtml.

森堡等多个金融中心。因花旗、汇丰等主要国际金融机构均在欧洲设立总部，欧盟同时也是受金融危机冲击最严重的经济体。在此背景下，欧盟迅速宣布对MIFID 法案进行重新检验，并于 2018 年正式推出了 MIFID Ⅱ。MIFID Ⅱ充分体现了全球金融体系改革共识要求，明显扩大了金融工具监管范围，突出对市场参与者的行为监管，这反映出欧盟对加强投资者保护、提升市场透明度等金融市场改革的决心。

MIFID Ⅱ通过列举法将 11 类金融工具纳入监管范围。MIFID Ⅱ金融工具涵盖债券、衍生品等在金融危机中对金融市场产生重大影响的金融工具，同时也纳入了排放权等正在快速发展的金融工具。

（2）Dodd-Frank 法案①

2010 年 7 月，奥巴马签署《多德-弗兰克华尔街金融改革与消费者保护法》（以下简称《多德-弗兰克法案》），该法涉及范围广泛，被誉为自 20 世纪 30 年代经济大萧条之后美国最大的金融改革法案，必将对美国经济金融产生重要而深远的影响。

次贷危机爆发后，美国经济和金融受到重创，失业率居高不下，同时美国政府一系列拯救濒临破产金融机构的行为，引起了社会各界和民众的不满，舆论普遍指责金融机构的贪婪和金融监管的缺失，并强烈呼吁金融改革。

2009 年 6 月，美国总统奥巴马公布"金融监管改革方案"，经过一年多的多方角力和妥协，国会众议院和参议院分别于 2009 年 12 月和 2010 年 5 月通过了改革法案，双方通过文本却不同。因此，直到 2010 年 6 月和 7 月，众议院和参议院才分别通过最终文本，以众议院金融服务委员会主席巴尼·弗兰克（Barney Frank）和参议院银行委员会主席克里斯·多德（Chris Dodd）命名。该法案旨在有效控制系统性风险，保护纳税人和消费者利益，维护金融稳定，防止金融危机再次发生。

《多德-弗兰克法案》要求加强衍生品市场监管，责成商品期货交易委员会和美国证券交易委员会（United States Securities and Exchange Commission，SEC）监管衍生品交易，监督过度投机行为。

---

① 资料来源：https://www.boc.cn/aboutboc/ab8/201304/t20130425_2243155.html.

（3）《关于促进衍生品业务规范发展的指导意见（征求意见稿）》①

2021年12月3日，中国人民银行、银行保险监督管理委员会、证券监督管理委员会、国家外汇管理局就《关于促进衍生品业务规范发展的指导意见（征求意见稿）》公开征求意见。

征求意见稿共18条，主要内容涉及：统一衍生品定义和分类；以柜台对客衍生品业务为着力点，强化投资者保护；要求金融机构加强内控管理，夯实衍生品业务规范发展的微观基础；按照金融管理部门职责，作出监管分工协作安排。

近年来，我国衍生品市场逐步发展，初步形成了包括交易所市场、银行间市场、对客柜台市场等在内的衍生品市场体系，以及机构监管与功能监管、宏观审慎管理相结合的监管框架，市场功能日益发挥，服务实体经济的功能有效提升。

人民银行在征求意见稿的起草说明中表示："但整体上看，制度规则有待完善，监管标准有待统一，金融机构专业管理能力有待提升，合格投资者管理有待强化，与衍生品交易活动相关的各类基础设施建设有待加强，存在金融管理的薄弱环节，风险事件也偶有发生。"

中国人民银行会同银行保险监督管理委员会、证券监督管理委员会和国家外汇管理局共同制定征求意见稿，在对现有监管规则进行集中整合同时，进一步补齐监管短板、强化机构内控管理要求、加强投资者保护，以促进衍生品业务规范健康发展。

（4）《中华人民共和国期货和衍生品法》②

十三届全国人大常委会第三十四次会议表决通过《中华人民共和国期货和衍生品法》（以下简称《期货和衍生品法》），该法于2022年8月1日起施行。

《期货和衍生品法》的最大亮点之一是，不仅在法律名称中加入了"衍生品"，而且在内容上涵盖了衍生品交易内容，通过对衍生品交易实践经验的总结，在法律层面为衍生品交易设立了基本法律规则和框架。

一方面，《期货和衍生品法》第三条明确对衍生品交易予以定义。除了期货合约，还提及互换合约、远期合约和非标准化期权合约及其组合交易的形式。这

---

① 资料来源：https：//new.qq.com/rain/a/20211203A0A1AS00.

② 资料来源：https：//www.lexology.com/library/detail.aspx？g＝06149448－ace4－4cc7－be1e－5d7d37494fac.

次《期货和衍生品法》正式稿中增加了互换合约和远期合约,首次在人大立法中予以定义,并确定为金融合约。从金融法角度来看,衍生产品就是一种金融合约,合约的基本种类包括远期、期货、互换和期权。

另一方面,在《期货和衍生品法》第二章第三节中,单独规定了关于衍生品交易的内容。其中明确了单一主协议、终止净额结算、集中结算、破产隔离等基础法律条款的适用。这些内容,既借鉴了中国金融机构的过往实践经验,也借鉴了国际衍生品交易的成熟制度,有力地提升了中国衍生品市场的国际化程度,更有力地打造了中国衍生品市场的发展空间。

以上这些趋势展示了金融衍生品定价算法发展的多方向和跨学科特性,未来的研究和应用将更多地依赖技术进步和跨领域的创新合作。

7 结论

　　本书研究的复杂衍生品包括时间期权、非线性收益衍生品和美式期权，主要的研究方法是近似解析解算法、静态复制算法及改进算法，将复杂衍生品的定价算法进一步扩展和改进，提高算法的效率。目前，关于时间期权的文献只研究了在固定利率下的情况，而波动率过程和利率过程的相关性在定价时间期权时也是一个重要的风险因素，因此本书将模型进一步扩展，在随机波动率的基础上加入了随机利率模型(Vasicek 随机利率)。加入随机利率后的模型是一个四维偏微分方程，不能直接求解，因此本书使用变量替换方法将四维模型降低为二维模型。在这个二维模型的基础上，通过计算，分别求解出了在两个常用的波动率模型(Heston 模型和 Hull-White 模型)下的时间期权价值。通过数值结果，可以得到 Hull-White 模型和 Heston 模型的结论与蒙特卡罗模拟结果一致，并且计算速度明显提高，计算时间至少提高 200 倍，尤其是在 Hull-White 模型下，本书的近似解析解算法的计算时间平均提高 1000 倍，证明了该算法既准确又快速。

　　由于复杂收益衍生品的定价还没有解析解，需要使用期权组合来复制其复杂收益函数。在分析复杂收益衍生品中，本书提出了一个更加稳健的方法，该方法较 Liu(2010)推出的方法有三个优势：比较简单、能够应用到更加复杂的非线性收益函数、其收敛性能够被证明。书中给出了该方法的收敛性证明，并分别在不完全市场下的对数正态模型、完全市场下的对数正态模型和交易对手风险模型中进行了算法的验证和算例的计算。大量的数值结果证明了该方法的收敛性。

　　本书使用 Capped 期权作为工具来改进标准二叉树算法和最小二乘蒙特卡罗模拟算法。数值算例显示，改进算法非常有效。

　　本书的贡献主要在于对算法的研究，第一部分的时间期权，将随机利率模型下的时间期权定价四维偏微分方程通过变量替换降低为二维偏微分方程，通过扰动法求解该二维偏微分方程得到近似可解析定价方程，并使用了常用的 Hull-White 波动率模型和 Heston 波动率模型作为算例进行分析和计算，通过对比蒙特卡罗模拟算法结果，得出算法有效性的结论并且速度比蒙特卡罗模拟算法更快；第二部分的非线性衍生产品的定价分析是基于静态复制的方法，提出了一个收敛的算法，提高了静态复制的效率，并在不完全市场下和完全市场下的对数正态模型、交易对手风险模型中，计算了带有期权性质的互换的非线性收益函数的静态复制结果，同时数值算例验证了算法收敛阶及有效性；第三部分的贡献在于对标准二叉树算法和标准最小二乘蒙特卡罗模拟算法的改进，引入了具有解析解的 Capped 期权，提高了这两种重要的基础算法的效率。

最后，本书简要探讨金融衍生品定价算法与机器学习、深度学习和强化学习的融合应用前沿和发展趋势，拓宽了人工智能发展背景下金融衍生品定价算法的研究视野，为未来提升金融衍生品定价水平指明了方向。

本书的不足之处在于，时间期权定价近似解方法的研究没有拓展到一般的收益函数，该方面的研究困难较大，今后将进一步研究以期解决该困难。非线性收益函数的静态复制算法还可继续拓展到随机波动率、随机利率等复杂模型，但可能有一定的困难。

参考文献

［1］Abbas－Turki L A, Vialle S, Lapeyre B, et al. Pricing Derivatives on Graphics Processing Unites Using Monte Carlo Simulation［J］. Concurrency and Computation: Practice and Experience, 2014(26): 1679-1697.

［2］Abramowitz M, Stegun I A. Handbook of Mathematical Functions with Formulas, Graphs, and Mathematical Tables［M］. Dover: New York: 1965.

［3］Akyildirim E, Dolinsky Y, Mete Soner H. Approximating Stochastic Volatility by Recombinant Trees ［J］. The Annals of Applied Probability, 2014, 24 (5): 2176-2205.

［4］Andersen T G, Benzoni L, Lund J. Stochastic Volatility, Mean Drift, and Jumps in the Short－Term Interest Rate, Working Paper［R］. Northwestern University, 2004.

［5］Areal N, Rodrigues A, Armada M. On Improving the Least Squares Monte Carlo Option Valuation Method［J］. Review of Derivatives Research, 2008(11): 119-151.

［6］Atkinson K, Han W. Theoretical Numerical Analysis: A Functional Analysis Framework［M］. New York: Springer, 2005.

［7］Bachelier L. Theorie de la Speculation［J］. Ann. Ec. Norm. Super, 1900(17): 21-86.

［8］Ball C A, Roma A. Stochastic Volatility Option Pricing［J］. The Journal of Financial and Quantitative Analysis, 1994, 29(4): 589-607.

［9］Bernard C, Cui Z. Pricing Timer Options ［J］. Journal of Computational Finance, 2011(15): 69-104.

［10］Ben-Ameur H, Breton M, Martinez J. Dynamic Programming Approach for Valuing Options in the GARCH Model[J]. Management Science, 2009, 55(2): 252-266.

[11] Bick A. Quadratic - Variation - Based Dynamic Strategies [J]. Management Science, 1995(41): 722-732.

[12] Bollerslev T. Generalized Autoregressive Conditional Heteroskedasticity[J]. Journal of Econometrics, 1986(31): 307-327.

[13] Black F, Scholes M. The Pricing of Options and Corporate Liabilities[J]. Journal of Political Economy, 1973(81): 637-659.

[14] Boyle P P, Turnbull S M. Pricing and Hedging Capped Options[J]. Journal of Futures Markets, 1989(9): 41-54.

[15] Breeden D T, Litzenberger R H. Prices of State-Contingent Claims Implicit in Option Prices[J]. Journal of Business, 1978(51): 621-651.

[16] Broadie M, Jain A. Pricing and Hedging Volatility Derivatives[J]. Journal of Derivatives, 2008(15): 7-24.

[17] Broadie M, Detemple J. American Capped Call Options on Dividend-Paying Assets[J]. Review of Financial Studies, 1995(8): 161-191.

[18] Broadie M, Detemple J. American Option Valuation: New Bounds, Approximations, and a Comparison of Existing Methods[J]. Review of Financial Studies, 1996(9): 1211-1250.

[19] Brennan M J, Schwartz E S. Finite Difference Method and Jump Processes Arising in the Pricing of Contingent Claims[J]. Journal of Financial and Quantitative Analysis, 1978(13): 461-474.

[20] Capinski M, Zastawniak T. Mathematics for Finance: An Introduction to Financial Engineering[M]. New York: Springer, 2003.

[21] Carr P, Chou A. Breaking Barriers[J]. Risk, 1997(10): 139-145.

[22] Carr P, Lee R. Hedging Variance Option on Continuous Semimartingales[J]. Finance and Stochastics, 2010(14): 179-207.

[23] Carr P, Ellis K, Gupta V. Static Hedging of Exotic Options[J]. Journal of Finance, 1998(53): 1165-1190.

[24] Carr P, Mayo A. On the Numerical Evaluation of Option Prices in Jump

Diffusion Processes[J]. European Journal Finance, 2007(13): 353-372.

[25] Carr P, Wu L R. Static Hedging of Standard Options [J]. Journal of Financial Econometrics, 2013(12): 3-46.

[26] Chen L. Stochastic Mean and Stochastic Volatility-A Three-Factor Model of the Term Structure of Interest Rates and Its Application to the Pricing of Interest Rate Derivatives[J]. Financial Markets, Institutions, and Instruments, 1996(5): 1-88.

[27] Choi S Y, Kim D, Yoon J H. An Analytic Pricing Formula for Timer Options Under Constant Elasticity of Variance with Stochastic Volatility [J]. Aims Mathematics, 2024, 9(1): 2454-2472.

[28] Cox J C, Ross S A, Rubinstein M. Option Pricing: A Simplified Approach[J]. Journal of Financial Economics, 1979(7): 229-263.

[29] De Boor C. Good Approximation by Splines with Variable Knots[J]. Spline Functions and Approximation Theory (A. Meir & A. Sharma eds). Basel: Birkhauser, 1973: 57-73.

[30] Dehghani H, Ataee - pour M, Esfahanipour A. Evaluation of the Mining Projects under Economic Uncertainties Using Multidimensional Binomial Tree [J]. Resources Policy, 2014(39): 124-133.

[31] Demeterfi K, Derman E, Kamal M, et al. A Guide to Volatility and Variance Swaps[J]. Journal of Derivatives, 1999(6): 9-32.

[32] Deng D, Peng C. New Methods with Capped Options for Pricing American Options[J]. Journal of Applied Mathematics, 2014(4): 1-7.

[33] Derman E, Ergener D, Kani I. Static Options Replication [J]. Journal of Derivatives, 1995(2): 78-95.

[34] Dimoski J, Fleten S -E, Lohndorf N, et al. Dynamic Hedging for the Real Option Management of Hydropower Production with Exchange Rate Risks [J]. Or Spectrum, 2023, 45(2): 525-554.

[35] Duan J C. The Garch Option Pricing Model Math[J]. Finance, 1995(5): 13-32.

[36] Duan J C, Simonato J. American Option Pricing under GARCH by a Markov

Chain Approximation [J]. Journal of Economic Dynamics & Control, 2001 (25): 1689-1718.

[37] Duan J C, Gauthier G, Simonato J G. An Analytical Approximation for the GARCH Option Pricing Model [J]. Journal of Compututual Finance, 1999 (2): 75-116.

[38] Engle R. Autoregressive Conditional Heteroscedasticity with Estimates of the Variance of United Kingdom Inflation[J]. Econometrica, 1982, 50(4): 987-1007.

[39] Fabozzi F I. Interest Rate, Term Structure, and Valuation[M]. Hoboken, NJ: John Wiley and Sons, 2002.

[40] Gatheral J. The Volatility Surface: A Practitioner's Guide[M]. Hoboken, NJ: John Wiley and Sons, 2002.

[41] Geman H, Yor M. Bessel Processes, Asian Options and Perpetuities[J]. Mathematical Finance, 1993(3): 349-375.

[42] Glasserman P, Wu Q. Forward and Future Implied Volatility[R]. Working Paper, 2010.

[43] Guidolin M, Timmermann A. Option Prices under Bayesian Learning: Implied Volatility Dynamics and Predictive Densities[J]. Journal of Economic Dynamics and Control, 2003, 27(5): 717-769.

[44] Guo C. Option Pricing with Stochastic Volatility Following a Finite Markov Chain[J]. International Review of Economics and Finance, 1998, 7(4): 407-415.

[45] Guo S, Liu Q. Improving and Extending the Wu-Zhu Static Hedge[J]. Journal of Derivatives, 2023, 30(3).

[46] Guo J, Wang W. On the Numerical Solution of Nonlinear Option Pricing Equation in Illiquid Markets[J]. Computers and Mathematics with Applications, 2015(69): 117-133.

[47] Ha M, Kim D, Yoon J H. Valuing of Timer Path-Dependent Options[J]. Mathematics and Computers in Simulation, 2024(215): 208-227.

[48] Haastrecht A, Lord R, Pelsser A, et al. Pricing Long-Maturity Equity and FX Derivatives with Stochastic Interest Rates and Stochastic Volatility[C]. Working

Paper，2008.

[49] Hagan P S，Kumar D，Lesniewski A，et al. Managing Smile Risk[J]. Wilmott Magazine，2002(9)：84-108.

[50] Han M，Kim D，Ahn S，et al. The Valuation of Timer Power Options with Stochastic Volatility[J]. Journal of the Korean Society for Industrial and Applied Mathematics，2022，26(4)：296-309.

[51] Harrison J M，Pliska S. Martingales and Stochastic Integrals in the Theory of Continuous Trading[J]. Stochastic Processes and Their Applications，1981(11)：215-260.

[52] Heston S L. A Closed form Solution for Options with Stochastic Volatility with Applications to Bond and Currency Options[J]. Review of Financial Studies，1993(6)：327-343.

[53] Huang W. Convergence Analysis of Finite Element Solution of One-Dimensional Singularly Perturbed Dierential Equations on Equidistributing Meshes[J]. International Journal of Numerical Analysis and Modeling，2005(2)：57-74.

[54] Hull J，White A. The Pricing of Options on Assets with Stochastic Volatility[J]. Journal of Finance，1987(42)：281-300.

[55] Hull J，White A. Valuing Derivative Securities Using the Explicit Finite Difference Method[J]. Journal of Financial and Quantitative Analysis，1990(25)：87-100.

[56] Hull J C. Options，Futures，and Other Derivatives，8th Edition[M]. New Jersey：Prentice Hall，2012.

[57] Jiang L S，Dai M. Convergence of Binomial Tree Methods for European/American Path-Dependent Options[J]. SIAM Journal on Numerical Analysis，2004(42)：1094-1109.

[58] Jiang L S，Dai M. Convergence of Binomial Tree Method for American Options[M]. Partial Differential Equations and Their Applications，H. Chen and L. Rodino，eds.，World Scientific，New Jersey，1999：106-118.

[59] Jiao Y，Pham H. Optimal Investment with Counterparty Risk：A Default-density Model Approach[J]. Finance and Stochastics，2011(15)：725-753.

［60］Johnson H, Stulz R. The Pricing of Options with default risk［J］. Journal of Finance, 1987(42): 267-280.

［61］Kallsen J, Taqqu M. Option Pricing in Arch-Type Models［J］. Mathematical Finance, 1998, 8(1): 13-26.

［62］Kim D, Ha M, Choi S Y, et al. Pricing of Vulnerable Timer Options［J］. Computational Economics, 2023.

［63］Kirkby J L, Aguilar J P. The Return Barrier and Return Timer Option with Pricing under Levy Processes［J］. Expert Systems with Applications, 2023: 233.

［64］Kwok Y K. Mathematical Models of Financial Derivatives［M］. Singapore: Springer-Verlag, 1998.

［65］Kung J J, Lee L S. Option Pricing under the Merton Model of the Short Rate［J］. Mathematics and Computers in Simulation, 2009(80): 378-386.

［66］Lee R. Timer Options for Risk-Controlled Variance Exposure［R］. Global Derivatives USA 2012 Conference Presentation, 2012.

［67］Lee H, Choi Y H, Lee G. Multi-Step Barrier Products and Static Hedging［J］. North American Journal of Economics and Finance, 2022: 61.

［68］Lee H, Ko B, Lee M. The Pricing and Static Hedging of Multi-Step Double Barrier Options［J］. Finance Research Letters, 2023: 55.

［69］Leung S Y, Kwok Y K. Credit Default Swap Valuation with Counter Party Risk［J］. Kyoto Economic Review, 2005(74): 25-45.

［70］Letourneau P, Stentoft L. Refining the Least Squares Monte Carlo Method by Imposing Structure［J］. Quantitative Finance, 2014, 14(3): 495-507.

［71］Li C. Bessel Processes, Stochastic Volatility, and Timer Options［J］. Mathematical Finance, 2016, 26(1): 122-148.

［72］Li C X. Managing Volatility Risk［C］. Doctoral Dissertation, Columbia University, 2010.

［73］Li C X. Bessel Processes, Stochastic Volatility and Timer Options［J］. Mathematical Finance, Online, 2013.

［74］Li M, Mercurio F. Closed-Form Approximation of Perpetual Timer Option

Prices[J]. International Journal of Theoretical and Applied Finance, 2014, 17（4）: 1450026.

[75] Li M, Mercurio F. Analytic Approximation of Finite-Maturity Timer Option Prices[J]. Journal of Futures Markets, 2015, 35(3): 245-273.

[76] Liang J, Hu B, Jiang L S. Optimal Convergence Rate of the Binomial Tree Scheme for American Options with Jump Diffusion and Their Free Boundaries[J]. SIAM Journal Financial Mathematics, 2010(1): 30-65.

[77] Liang L Z J, Lemmens D, Tempere J. Path Integral Approach to the Pricing of Timer Options with the Duru-Kleinert Time Transformation[J]. Physical Review E, 2011(83): 056-112.

[78] Lipton A, Gal A, Lasis A. Pricing of Vanilla and First-Generation Exotic Options in the Local Stochastic Volatility Framework: Survey and New Results[J]. Quantitative Finance, 2014, 14(11): 1899-1922.

[79] Liu Q. Optimal Approximations of Nonlinear Payoffs in Static Replication[J]. Journal of Futures Markets, 2010(30): 1082-1099.

[80] Liu J, Wu W, Xu J, et al. An Accurate Binomial Model for Pricing American Asianoption[J]. J Syst Sci Complex, 2014(27): 993-1007.

[81] Lo C L, Shih P T, Wang Y H, et al. VIX Derivatives: Valuation Models and Empirical Evidence[J]. Pacific-Basin Finance Journal, 2019(53): 1-21.

[82] Longstaff F A, Schwartz E S. Valuing American Options by Simulation: A Simple Least-Squares Approach[J]. Review of Financial Studies, 2001(14): 113-147.

[83] Lord R, Koekkoek R, Dijk D. A Comparison of Biased Simulation Schemes for Stochastic Volatility Models[J]. Quantitative Finance, 2010(10): 177-194.

[84] Ma J, Deng D, Lai Y. Explicit Approximate Analytic Formulas for Timer Option Pricing with Stochastic Interest Rates [J]. The North American Journal of Economics and Finance, 2015(34): 1-21.

[85] Ma J, Deng D, Zheng H. Convergence Analysis and Optimal Strike Choice for Static Hedges of General Path-Independent Pay-Offs[J]. Quantitative Finance, 2016, 16(4): 593-603.

[86] Ma J, Xu W, Yao Y. Cosine Willow Tree Structure under Lévy Processes with Application to Pricing Variance Derivatives[J]. Journal of Derivatives, 2021, 29(2): 30-60.

[87] Malliaris M, Salchenberger L. A Neural Network Model for Estimating Option Prices[J]. Applied Intelligence, 1993(3): 193-206.

[88] Merton R. Theory of Rational Option Pricing[J]. The Bell Journal of Economics and Management Science, 1973(4): 141-183.

[89] Mostovyi O. On the Stability the Least Squares Monte Carlo[J]. Optim Lett, 2013(7): 259-265.

[90] Neuberger A. Volatility Trading [C]. Working Paper, London Business School, 1990.

[91] Neuberger A. The Log Contract: A New Instrument to Hedge Volatility[J]. Journal of Portfolio Management, 1994(20): 74-80.

[92] Ritchken P, Trevor R. Pricing Options under Generalized GARCH and Stochastic Volatility Processes[J]. The Journal of Finance, 1999(54): 366-402.

[93] Ross S A. Options and Efficiency[J]. Quarterly Journal of Economics, 1976(90): 75-89.

[94] Saunders D. Pricing Timer Options under Fast Mean-Reverting Stochastic Volatility[C]. Working Paper, 2011.

[95] Sawyer N. SG CIB Launches Timer Options[J]. Risk, 2007: 20.

[96] Sawyer N. Equity Derivative House of the Year: Societe Generale[J]. Risk, 2008: 21.

[97] Schobel R, Zhu J. Stochastic Volatility with an Ornstein-Uhlenbeck Process: An Extension[C]. Working Paper, 1998.

[98] Scott L. Option Pricing When the Variance Changes Randomly: Theory, Estimation, and an Application[J]. The Journal of Financial and Quantitative Analysis, 1987, 22(4): 419-438.

[99] Shreve S E. Stochastic Calculus for Finance Ⅱ: Continuous-Time Models[M]. New York: Springer-Verlag, 2004.

[100] Stein E, Stein J. Stock Price Distributions with Stochastic Volatility: An Analytic Approach[J]. The Review of Financial Studies, 1991, 4(4): 727−752.

[101] Stentoft L. Assessing the Least Squares Monte−Carlo Approach to American Option Valuation[J]. Review of Derivatives Research, 2004a(7): 129−168.

[102] Stentoft L. Convergence of the Least Squares Monte Carlo approach to American Option Valuation[J]. Management Science, 2004b(50): 1193−1203.

[103] Stentoft L. Pricing American Options When the Underlying Asset Follow the GARCH Process[J]. Journal of Empirical Finance, 2005(12): 576−611.

[104] Stentoft L. American Option Pricing Using GARCH Models and the Normal Inverse Gaussian Distribution [J]. Journal of Financial Econometrics, 2008 (6): 540−582.

[105] Stentoft L. American Option Pricing Using GARCH Models and the Normal Inverse Gaussian distribution[C]. CREATES Research Paper, 2008: 41.

[106] Takahashi A, Yamazaki A. Efficient Static Replication of European Options under Exponential Levy Models[J]. Journal Futures Markets, 2009(29): 1−15.

[107] Takahashi A, Yamazaki A. A New Scheme for Static Hedging of European Derivatives under Stochastic Volatility Modes[J]. Journal Futures Markets, 2009(29): 397−413.

[108] Talyor S J. Financial Returns Modelled by the Product of Two Stochastic Processes: A Study of Daily Sugar Prices [M]//Time Series Analysis: Theory and Practice, Amsterdam: North−Holland, 1982.

[109] Talyor S J. Modelling Stochastic Volatility: A Review and Comparative Study[J]. Mathematical Finance, 1994(4): 183−204.

[110] Tavella D, Randall C. Pricing Financial Difference Method, John Wiley and Sons, The Finite Difference Method[M]. New York: John Wiley and Sons, 2000.

[111] Tian Y. Modified Lattice Approach to Option Pricing[J]. Journal of Futures Markets, 1993(13): 563−577.

[112] Wang J, Zhang D. Timer Option Pricing of Stochastic Volatility Model with Changing Coefficients under Time − Varying Interest Rate [J]. Journal of Nonlinear

Sciences and Applications(JNSA), 2018, 11(12).

[113] Wilmott P, Dewynne J N, Howison S D. Mathematics of Financial Derivatives: A Student Introduction[M]. Cambridge: Cambridge University Press, 1995.

[114] Wu L, Zhu J. Simple Robust Hedging with Nearby Contracts[J]. Journal of Financial Econometrics, 2016, 15(1): 1-35.

[115] Xu X, Huang W, Russell R D, et al. Convergence of the de Boor's Algorithm for the Generation of Equidistributing Meshes[J]. IMA Journal of Numerical Analysis, 2011(31): 580-596.

[116] Zanger D Z. Quantitative Error Estimates for a Least-Squares Monte Carlo Algorithm for American Option Pricing[J]. Finance Stoch, 2013(17): 503-534.

[117] Zeng P, Kwok Y K, Zheng W. Fast Hilbert Transform Algorithms for Pricing Discrete Timer Options under Stochastic Volatility Models [J]. International Journal of Theoretical and Applied Finance, 2015, 18(7): 1550046.

[118] Zhu S P, Lian G H. A Closed-Form Exact Solution For Pricing Variance Swaps with Stochastic Volatility[J]. Mathematical Finance, 2011, 21(2): 233-256.

[119] 黄明. 发展简单衍生品, 限制复杂衍生品——全球金融危机的启示和应对[R]. 第四届中国(深圳)国际期货大会, (2009).

[120] 季鑫缘, 董建涛, 陶浩. 基于神经随机微分方程的期权定价[J]. 吉林大学学报(理学版), 2023, 61(6): 1324-1332.

[121] 姜礼尚. 期权定价的数学模型和方法[M]. 2版. 北京: 高等教育出版社, 2008.

[122] 科内利斯·W. 欧思德礼, 莱赫·A. 格瑞兹拉科. 金融数学模型与计算[M]. 梁进, 译. 北京: 中国科学技术出版社, 2023.

[123] 林清泉. 数理金融学[M]. 北京: 中国人民大学出版社, 2006.

[124] Martin Baxter, Andrew Rennie. 金融数学: 衍生产品定价引论[M]. 叶中行, 王桂兰, 林建忠, 北京: 人民邮电出版社, 2006.

[125] 马敬堂, 梁浩, 杨文昇. 金融随机分析与应用[M]. 北京: 科学出版社, 2024.

[126] [英]Martin Baxter, Andrew Rennie. 金融数学: 衍生产品定价引

论［M］. 叶中行，王桂兰，林建忠，译. 北京：人民邮电出版社，2006.

[127] 史树中. 金融经济学十讲［M］. 上海：上海人民出版社，2004.

[128] 宋逢明. 金融经济学导论［M］. 北京：高等教育出版社，2006.

[129] 孙有发，邱梓杰，姚宇航，等. 基于深度学习算法的行为期权定价［J］. 系统管理学报，2021，30(4)：697-708.

[130] 谢合亮，游涛. 基于深度学习算法的欧式股指期权定价研究：来自50ETF 期权市场的证据［J］. 统计与信息论坛，2018，33(6)：99-106.

[131] 张宁，涂宇彬，郑亦超，等. 篮子期权定价的深度学习方法［J］. 中央财经大学学报，2023(5)：50-62.

[132] 召区宇，刁羽. 微观金融学及其数学基础［M］. 2 版. 北京：清华大学出版社，2008.